AF098047

www.ingramcontent.com/pod-product-compliance
Lightning Source LLC
LaVergne TN
LVHW011942070526
838202LV00054B/4753

# ادبی بصیرت
## (ادبی تبصرے)

مصنف:
ڈاکٹر محمد ناظم علی

© Taemeer Publications
**Adabi Baseerat**
by: Dr Mohd Nazim Ali
Edition: April '2023
Publisher & Printer:
Taemeer Publications, Hyderabad. India.

ISBN 978-81-19022-92-2

مصنف یا ناشر کی پیشگی اجازت کے بغیر اس کتاب کا کوئی بھی حصہ کسی بھی شکل میں بشمول ویب سائٹ پر اپ لوڈنگ کے لیے استعمال نہ کیا جائے۔ نیز اس کتاب پر کسی بھی قسم کے تنازع کو نمٹانے کا اختیار صرف حیدرآباد (تلنگانہ) کی عدلیہ کو ہو گا۔

© تعمیر پبلی کیشنز

| | | |
|---|---|---|
| کتاب | : | ادبی بصیرت |
| مصنف | : | ڈاکٹر محمد ناظم علی |
| صنف | : | تنقید و تبصرہ |
| ناشر | : | تعمیر پبلی کیشنز (حیدرآباد، انڈیا) |
| زیر اہتمام | : | تعمیر ویب ڈیولپمنٹ، حیدرآباد |
| سالِ اشاعت | : | ۲۰۲۳ء |
| تعداد | : | (پرنٹ آن ڈیمانڈ) |
| صفحات | : | ۱۷۴ |
| کمپوزنگ | : | لولو گرافکس، حیدرآباد |
| ملنے کے پتے | : | ڈاکٹر محمد ناظم علی، فون: +919603018825 |
| | | ہمالیہ بک ڈپو، نامپلی، حیدرآباد |
| | | ھدیٰ بک ڈپو، پرانی حویلی، حیدرآباد |

# فہرست

۱۔ مجلّہ عالمی اردو ایڈیٹرس کانفرنس ۲۰۱۱ء کا گوشہ صحافت

۲۔ شارب ردولوی شخصیت اور تنقید نگاری

۳۔ عدسہ کا شاذ تمکنت نمبر ستمبر اکتوبر ۲۰۰۷ء

۴۔ اردو دنیا۔ عصری فکر و تقاضوں سے ہم آہنگ رسالہ

۵۔ مجلّہ عالمی اردو کانفرنس

۶۔ عدسہ کا مضطر مجاز نمبر

۷۔ انگور کھٹے ہیں کے آئینہ میں

۸۔ کیا انشائیہ صنف ادب ہے

۹۔ آج کی غزل ۴۰ شعراء کی منتخب غزلیں

۱۰۔ اگست ۲۰۰۷ء گونج نظام آباد کے شمارے پر ایک نظر

۱۱۔ خرافاتِ حکم

۱۲۔ ماہ نامہ الفاظ

۱۳۔ گونج کا پیش لفظ نمبر

۱۴۔ ماہ نامہ اردو دنیا

۱۵۔ غزل مرحلہ ردو قبول

۱۶۔ یہ غازی یہ تیرے پراسرار بندے

۱۷۔ اے شریف انسانو

۱۸۔ سرسید احمد خاں ادبی دانشور اور ملت کے نباض

۱۹۔ نظیر اکبرآبادی کے کلام میں قومی یکجہتی کے عناصر

۲۰۔ ۲۱ویں صدی میں ادیب کی ذمہ داری

۲۱۔ شعورِ فن

۲۲۔ حرفِ جمیل

۲۳۔ اکبر الہ آبادی کی نظم تعلیمِ نسواں

۲۴۔ قومی زبان کا بابائے اردو مولوی عبدالحق نمبر

۲۵۔ قومی زبان کا اکبر الہ آبادی نمبر

۲۶۔ حیدرآباد کا پہلا ادبی رسالہ فخر الفوائد

۲۷۔ گونج ادبی البم

۲۸۔ اردو دنیا پر تبصرہ

۲۹۔ اردو دنیا پر تبصرہ

۳۰۔ اردو دنیا پر تبصرہ

۳۱۔ اردو دنیا پر تبصرہ

۳۲۔ اترا تیرے کنارے جب کارواں ہمارا

۳۳۔ بٹوارے کا کرب

۳۴۔ شکنجہ

۳۵۔ پرانا پل اور اس کی تاریخی تاسیس

۳۶۔ سفید خون

۳۷۔ ادب میں معنی کی تکثیریت

۳۸۔ غزل میں ضمائر سے اصل موضوع مشکوک

۳۹۔ اردو کی غیر مستعمل زوال یافتہ اصناف کا تحفظ

۴۰۔ گفت باہمی

تبصرہ

کتاب : مجلّہ عالمی اردو ایڈیٹرز کانفرنس 2011ء کا گوشہ صحافت

ادارت : زاہد علی خان، مدیر سیاست

مبصر : ڈاکٹر محمد ناظم علی

جناب زاہد علی خان مدیر روزنامہ سیاست کی نگرانی وسرپرستی میں ان کے رفقاء کار کی انتھک محنت سے عالمی اردو ایڈیٹرز کانفرنس 30، 31 ڈسمبر 2011ء کو جوبلی ہال حیدر آباد میں منعقد ہوئی۔ جس میں ملک و بیرون ملک کے دانشور مدیران نے شرکت کی۔ دراصل یہ کانفرنس 2006ء میں منعقد شدنی عالمی اردو کانفرنس کا تسلسل ہے۔ اس کانفرنس میں مجلّہ عالمی اردو ایڈیٹرز کانفرنس کا گوشہ صحافت کی نائب صدر جمہوریہ جناب حامد انصاری کے ہاتھوں رسم اجرائی انجام دی گئی ہے۔ گوشہ صحافت کا گٹ اپ اور سٹ اپ خوبصورت اور شاندار ہے۔ اس کے مشمولات اپنے اندر دانشورانہ پہلو لئے ہوئے ہیں۔ افشائیہ میں زاہد علی خان صاحب نے صحافت کے کردار اور فروغ اردو میں صحافت کی نا قابل فراموش خدمات کا اظہار کیا ہے۔ وہ کہتے ہیں '' یہ امر بھی لائق توجہ ہے کہ صحافت ہو یا ادب اس کی وسعت، لسانی فروغ پر انحصار کرتی ہے۔ اس اعتبار سے اخبار کو یہ کام بھی انجام دینا ہے کہ گذشتہ 60 سال میں نئی اصطلاحات، استعارے اور علامتوں نے جہاں اظہار کے پیرایہ میں حسن پیدا کیا ہے اسے عام کیا جائے اور صحافت کی زبان بھی حال کے قاری کے مزاج سے ہم آہنگ ہو۔

یقیناً ادب ہو یا صحافت دونوں نے زبان کے گیسو سنوارے ہیں اور مستقبل میں سنوارتے رہیں گے۔ 21ویں صدی میں صحافت عوام کی بنیادی ضرورت بن گئی ہے اس کے بغیر عوام کو سکون نہیں۔ زُبان و ادب کے نشو ونما میں صحافت نے اہم اور منفرد کردار ادا کیا ہے۔ جام جہاں نما سے لے کر سیاست تک تمام اخبارات نے زبان و ادب کو ایک موڑ دے کر صحتمند تعمیری سمت عطا کی ہے۔ جناب ابراہیم بن عبداللہ مسقطی نے اردو صحافت میں طنز و مزاح منشی سجاد حسین

کے اودھ پنچ سے لے کر شگوفہ اور سیاست تک تمام جرائد و اخبارات کا جائزہ لیا اور طنز و مزاح کے فروغ میں ان اخبارات کے رول کو اجاگر کیا ہے۔

جناب عامر علی خان نے نیوز ایڈیٹر سیاست نے اردو صحافت کا معیار اور خبر کی سچ پر حقائق وسچائی سے روشنی ڈالی ہے کہ لوگ کس طرح سے خبروں کا بے جا استحصال کرتے ہیں اور لوگ بتدریج صحافتی اقدار کو بھولتے جارہے ہیں۔ وہ کہتے ہیں اخبار کا مقصد قوم کی رہبری و رہنمائی کرنا ہے۔ اخبار کو بے لوث لیڈر کی طرح کام انجام دینا چاہئے۔ خیر اللہ بیگ نے اردو اداریہ نویسی اور عالمی منظر نامہ میں اداریہ کے مقاصد اصول اور تقاضوں کو ملحوظ رکھتے ہوئے اداریہ تحریر کرنے کے فن سے بحث کی ہے۔ مضمون معلومات سے پُر ہے اور اداریہ کے جو اصول ہیں اس کا آغاز، اختتام اس کے موضوعات پر جامع وتفصیل سے روشنی ڈالی ہے۔ غضنفر علی خان نے اردو صحافت، مسائل اور موجودہ موقف اور اردو اخبارات کے مسائل پر اظہار خیال کیا ہے۔ وہ کہتے ہیں ''لوگ اخبار خرید کر کم پڑھتے ہیں مانگ کر زیادہ پڑھتے ہیں''۔ ابتداء میں اردو خدمات کو اجاگر کرتے ہوئے فرمایا کہ اردو نے انقلاب کا نعرہ دیا۔ زندہ باد کہا۔ ملک کی تہذیب و تمدن کی محافظ بن گئی ہے۔ عوامی میڈیا کے باوجود اخبارات کا مستقبل تابناک ہے۔ خلیل قادری نے اردو صحافی کیا کرے؟ مضمون میں پیشہ صحافت سے انسیت، محنت ومشقت کا درس دیا۔ وہ کہتے ہیں سماج و ملک وقوم کے بڑھتے ہوئے مسائل کے پیش نظر صحافی بھی اپنے آپ کو عوامی ماحول میں ڈھالیں اور صحافت جیسے مقدس پیشہ کا احترام وعظمت کو برقرار رکھیں۔ ڈاکٹر محمد انوار الدین نے برصغیر میں مطبوعہ اردو صحافت کا آغاز و ارتقاء میں جام جہاں نما سے لے کر 1947ء تک شائع ہونے والے اخبارات کا محاکمہ و تجزیہ پیش کیا ہے اور 1829ء سے 1947ء تک کے درمیان مطبوعہ اخبارات جرائد کا تعارف وکردار تاریخ کی جامعیت کے ساتھ پیش کیا ہے۔

سید محمد عبدالقدیر عزم نے اردو صحافت اور ادب کے رشتہ کو مفکرانہ، دانشورانہ انداز سے

واضح کرنے کی کوشش کی ہے۔ادب اور صحافت زبان کے فروغ میں آج بھی بے پایاں خدمات انجام دے رہے ہیں۔ادب اور صحافت کا رشتہ اٹوٹ ہے۔دونوں ساتھ ساتھ چلتے ہیں۔لازم و ملزوم ہیں۔محمد مجاہد علی نے اردو صحافت کے 20 ویں اور 21 ءویں صدی میں موقف کا جائزہ لیا ہے۔ ماضی میں اخبارات مشن تھے۔آج کاروبار اور تجارت بن گئے ہیں۔اقدار کو اپنانا چاہئے۔صحافتی انداز سے صحافت کی ساکھ قائم ہوسکتی ہے۔حسن فرخ نے اردو صحافت کا عالمی پہلو مضمون میں کئی دلائل وثبوت وحوالوں کے ساتھ معلومات سے بھرپور مضمون تسوید کیا ہے اور حیدرآباد کی صحافت واخبارات کو سراہا ہے۔محمد شہاب الدین ہاشمی نے اردو صحافت بہ یک نظر میں فنی اعتبار سے صحافت کا جائزہ پیش کیا ہے۔مولانا ظفر علی خان اور ابوالکلام آزاد کی صحافت کا تقابل کیا ہے۔اطہر معین نے عصری اردو صحافت اور مسائل میں عصری تناظر پس منظر میں صحافت کا جائزہ لیا ہے۔محمد احتشام الحسن مجاہد، محمد مبشرالدین خرم، شجاعت علی آئی اے ایس، محمد نعیم وجاہت، محمد علیم الدین اور صابر سیوانی کے مضامین اپنے اندر معلومات کا خزانہ اور نئے پہلو لئے ہوئے ہیں۔گوشہ صحافت کی اشاعت پر جناب زاہد علی خان اور علامہ اعجاز فرخ ورحمت یوسف زئی اور معاونین کو مبارکباد دیتا ہوں کہ انہوں نے بڑی محنت کدوکاوش سے گوشہ صحافت شائع کیا اور یہ کتاب صحافت کی تاریخ میں ایک معتبر اضافہ ہے۔کیونکہ صحافت کے پیشہ وفن پر صرف انگلیوں پر گننے لائق کتابیں موجود ہیں اور وہ بھی ناپید ہیں، لیکن گوشہ صحافت اس خلا کو پُر کرے گی۔اردو کے دانشور آج بھی یہ کہتے ہیں کہ صحافت کے فن وتاریخ پر کتابیں نہ کے برابر ہیں۔ مذکورہ کتاب سے تشنگی کم ہوگی۔صحافت کے فن وتقاضے تاریخ سے آگہی کیلئے گوشہ صحافت ممدو معاون ومفید ثابت ہوسکتی ہے۔ادبی وصحافت کا ذوق رکھنے والے قارئین یہ کتاب روزنامہ سیاست کے آفس سے 100 روپئے کی ادائیگی پر حاصل کرسکتے ہیں۔142 صفحات کی یہ کتاب گوناگوں خوبیاں صفات خصوصیات کے لئے ہوئے ہے۔

شارب ردولوی۔شخصیت اور تنقید نگاری

مصنفہ: ڈاکٹر عرشیہ جبین

تبصرہ نگار، محمد ناظم علی

اردو زبان وادب میں تخلیق کے بہ نسبت تنقیدی سرمایہ بہت کم ہے۔اب تو یہ بھی کہا جارہا ہے کہ تخلیق کو تنقید کی ضرورت نہیں لیکن تخلیق کی قدر و قیمت وزن و وقار بخشنے والی تنقید ہی ہے۔ تنقید نہ ہو تو کئی نگارشات و تخلیقات گوشہ گمنامی میں رہ جائیں۔تخلیق کار کی شناخت تنقیدی تبصرہ سے واضح ہوتی ہے۔تنقید بہ قول ٹی ایس ایلیٹ ''زندگی کے لئے سانس جیسی ضروری ہے ویسے ہی ادب کے لئے تنقید بھی اتنی ہی اہمیت کے حامل ہے

تنقید معائب و محاسن کی نشاندہی کرتی ہے اور خوبیوں و خرابیوں کو اجاگر کرتی ہے، لیکن ادب میں بے باک تنقید مشکل سے ہوتی ہے۔ یہ تنقید کرتی ہے جو فیض کے کلام میں نحوی و عروضی غلطیوں کی نشاندہی کی ہے۔ آج بھی یونیورسٹی و جامعات میں اردو تحقیق رواں دواں ہیں اور ادب کے ہر شعبہ میں مختلف موضوعات دے کر کام کروایا جارہا ہے۔ زیر نظر کتاب ڈاکٹر عرشیہ جبین کی تحقیقی کاوش ہے۔انہوں نے اپنے پی ایچ ڈی کے مقالے کو کتاب کا روپ دیا ہے۔تنقید نگار پر کام کرنا مشکل فن ہے۔ اکثر ہوتا یہ ہے کہ تنقید نگار کسی ایک مکتب فکر پر بہت کم توجہ دیتے ہیں۔کبھی وہ عملی تنقید سے کام لیتے ہیں تو پھر نفسیاتی تنقید سے سروکار رکھتے ہیں۔ایسے میں محقق اپنی رائے دینے سے قاصر رہتا ہے، لیکن ڈاکٹر عرشیہ جبین نے تنقیدی موضوع لے کر تحقیق کا کام کیا ہے۔ ایسی کتابیں تنقید میں فروغ کا باعث بنتی ہیں اور اردو کے تنقیدی سرمایہ میں قدر کی نگاہوں سے دیکھی جاتی ہیں۔اس کتاب کو چھ ابواب میں تقسیم کیا گیا ہے۔ پہلے باب میں قصبہ ردولوی کا تہذیبی' سماجی وادبی پس منظر پیش کیا گیا ہے۔ بقول مصنف یہ وہ سرزمین ہے جس کی مٹی نے نہ جانے کتنے ولی، مہاتماؤں اور بزرگوں کے قدموں کو بوسہ دیا۔باب دوم میں شارب ردولوی کے متعلق درج ہے کہ وہ یکم ستمبر 1935 میں ردولوی میں پیدا ہوئے۔اصل نام مسیّب عباس تھا۔انہوں نے تحقیق کے ذریعہ اس بات کو آشکار کیا کہ سید مسیّب عباس شارب ردولوی

کی ولادت 6 ذیقعدہ 1350ھ مطابق 12 مارچ 1932ء قصبہ ردولوی ضلع بارہ بنکی (یوپی) کے محلّہ عباسی میں اپنے آبائی مکان میں بروز جمعہ صبح صادق کے وقت ہوئی۔ ویسے پیدائش کے تعلق سے کوئی حتمی ثبوت مشکل سے ملتا ہے۔ کچھ ایسے ادیب ہیں جن کی سن پیدائش مسلمہ بنی ہوئی ہے۔ مقالہ میں شخصیت کے تعلق سے شارب صاحب کے حلیہ، معمولات، غذا، لباس، نرم گفتار، شخصیت میں اعلیٰ ظرفی وفراخ دلی، خودداروقلندرانہ طعبیت، نظریاتی تعصّبات سے بالاتر نفاست پسندی، شائستگی، سلیقہ مندی، صبروتحمل کی مفصل تحریرملتی ہے۔

باب سوم شارب ردولوی بحیثیت نقاد میں نظریاتی تنقید سے وابستگی کوظاہر کیا ہے اور عملی تنقید کے حوالے سے بھی ان کے تنقیدی عمل ونظریہ نقد پر بحث کی گئی ہے۔ ایک نقادکئی نہج کی تنقیدوں سے کام لیتا ہے۔ بقول عرشیہ جبین شارب نفسیاتی تنقید' تاریخی تنقید، مارکسی تنقیداور عملی تنقید سے کام لیتے ہیں۔ جدید تنقید سے بھی استفادہ کر کے جدیدیت کوترقی پسندی کی توسیع قرار دیا۔ شارب ردولوی نے ساختیاتی تنقید کا تفصیلی جائزہ لے کر اس کوخوبیوں اور کوتاہیوں کی نشاندہی کی ہے۔ مابعد ساختیات، وقاری اساس تنقید کوبھی زیر مطالعہ رکھا اوران سے منسوب نئی اصطلاحیں بھی وضع کی ہیں۔ باب چہارم میں شارب ردولوی کی تنقیدی کتابوں اوراہم مضامین کا جائزہ لیا گیا۔ ان کی کتابوں میں جگرفن اور شخصیت۔ مطالعہ ولی۔ جدید اردو تنقید اصول و نظریات۔ تنقید مطالعہ، تنقیدی مباحث، گل صدرنگ، اردو مرثیہ آزادی کے بعد دہلی میں اردو تنقید انتخاب، غزلیات سودا، معاصر اردو تنقید مسائل ومقالات تنقیدی ومضامین کتابوں پر تحقیقی و تنقیدی تبصرے اور مشاہیر کی آراء کوشامل کیا ہے۔ باب پنجم کے مشمولات میں شارب ردولوی کی تخلیق نگاری کی تفصیل شامل کی گئی ہے۔ ان کے رپورتاژ نگاری، خاکہ نگاری، ریڈیوفیچر' ٹی وی پروگرام، تبصرہ نگاری مقدمے اور دیباچے وغیرہ پر مصنفہ نے تنقیدی نظرڈالی ہے اور تخلیق میں ان کے مقام کے تعین کی کاوش کی گئی ہے۔ باب ششم میں شارب ردولوی بحیثیت شاعر، نظم نگار، غزل گو، قصیدہ گو، قطعات، دوہے پر طبع آزمائی کی ہے۔ ان اصناف کا محاکمہ ملتا ہے اور مثالوں

سے بحیثیت شاعر تجزیہ کیا ہے۔ حرف آخر عنوان کے تحت شارب ردولوی پر مختلف ناقدین اور دانشوروں کی آراء اور ادبی خدمات کا بھی تجزیہ و محاکمہ کیا گیا ہے اور مفصل جائزہ لینے کی کوشش کی گئی۔ کتاب کا گٹ اپ اور سٹ اپ عمدہ ہے۔ کتاب کو پڑھنے کے بعد قاری شارب کی قدر و قیمت کو تفصیل سے جان سکے گا۔ کتاب کی قیمت 300 روپئے ہے۔ گرانی کے دور میں یہ قیمت مناسب ہے۔ یہ کتاب ڈاکٹر عرشیہ جبین لکچرر شعبہ اردو یونیورسٹی آف حیدرآباد 500046 اور دفتر شگوفہ بیچلر کوارٹرس معظم جاہی مارکٹ حیدرآباد۔500001 سے حاصل کی جاسکتی ہے۔

## گفت باہمی کے تحت

اردو زبان و ادب کی ترویج و اشاعت، بقاء و ترقی میں اردو روزنامے ہمیشہ سے پیش پیش رہے۔ جام جہاں نما سے لیکر آج تک اردو کے اخبارات زبان و ادب کی بے پایاں خدمات انجام دیں۔ ان کے دامن میں جو ادبی مشمولات ہوتے ہیں وہ جدت لئے ہوئے ہوتے ہیں۔ اس سلسلہ کی ایک کڑی روز نامہ اعتماد حیدرآباد کا ادبی سپلمنٹ اوراق ادب ہے۔ اس میں ادب کا ہر رنگ ملتا ہے۔ تخلیق، تنقید، تحقیق، انشائیے وغیرہ ہمہ رنگ کا ادبی شمارہ اپنے جلوے میں مستند و معتبر مواد لئے ہوئے ہوتا ہے۔ اس کے ایک شمارے میں زبان ادب اور ہماری ذمہ داریوں میں مضمون نگار نے مختلف ادبی عصری دانشورانہ انداز میں پیش کیا ہے۔ زبان و ادب کی بقاء کے لئے اردو والوں پر بھاری ذمہ داری عائد ہوتی ہے وہ کہتے ہیں کہ اردو والے اپنی زبان کی جڑیں کاٹ رہے ہیں۔ موصوف نے ادب برائے سماج زندگی پر زور دیا ہے۔ حالی و سرسید کے دور سے ادب میں افادیت پر زور دیا جانے لگا۔ ڈاکٹر شرف النہار کا مضمون ''حالی کی مسدس وقت کی اہم ضرورت'' عصری معنویت و عظمت کا حامل ہے۔ 20ویں صدی کے مسائل 21ویں صدی میں ملتے ہیں۔ آج بھی قوم معاشی، تعلیمی اور اخلاقی انحطاط کا شکار ہے اور قوم مختلف مسائل سے دوچار ہے۔ نئی نسل کو حالی کی مدد جزر اسلام سے متعارف کروانے کا پہلا سلسلہ ہے۔ حالی کی تحریروں سے آج کی نسل کو احساس ہو جائے گا کہ ہم کیا تھے کیا ہوگئے اور ماضی میں اسلام کی شان و شوکت اور حال کا تنزل محسوس ہوگا۔ مسدس پر مزید مضامین شائع ہوں۔ ویسے یہ کتاب کتب خانوں میں نہیں مل رہی ہے۔ یہ ایک انقلابی نوعیت کی کتاب ہے۔ عابد معز نے اپنے انشائیے کے ذریعہ سبق آموز بات کی ہے کہ ہمارے بچے کرکٹ کے بہت شیدائی ہیں، لیکن پڑھنے لکھنے پر کم توجہ دیتے ہیں۔ پڑھنے سے ہی زندگی و مستقبل سنور جاتا ہے۔ ڈاکٹر محمد اسلم فاروقی نے نثری تشبیہات مختصر لکھا لیکن انفرادی حیثیت کی حامل چیز ہے۔ آخری مس کال افسانے میں عصری زمانے کو پیش کیا گیا ہے۔ چہرہ چہرہ آئینہ میں سید یوسف روش کی زندگی ادبی

خدمات کو بیان کیا گیا ہے۔ بازگشت میں اردو کے شاعر و نقاد نادر المسدوسی نے نظیر علی عدیل کی زندگی شاعری اور فن کو تجرباتی انداز میں بیان کیا ہے۔ مضمون تنقیدی انداز لئے ہوئے ہے۔ شعر و شاعری سے نئی نسل کو حالی کی تنقیدی صلاحیتوں کا شعور حاصل ہوگا۔ لوگ حالی کو صرف شاعر سمجھتے ہیں لیکن وہ پہلے عملی نقاد بھی مانے جاتے ہیں۔ ایس وی یونیورسٹی شعبہ اردو کے زیر اہتمام منعقدہ مرقع نگاری پر دو روزہ سمینار کی تفصیلی رپورٹ معلوماتی ہے لیکن ادب میں بعض نثری اصناف ایسی ہیں کی ہیئت و ساخت کا تعین ابھی نہیں ہوسکا۔ مرقع نگاری انشائیہ۔ خاکہ اس کے لکھنے کے بنیادی اصول اجزائے ترکیبیں متعین ہو جانا چاہئے، جو اس کے تقاضے بیان کرتے ہیں تو اصول بھی کیا ہیں قاری کو بتلانا ہوگا۔ میزان میں حمید سہروردی کے افسانوں کا تحریری مطالعہ بہت جامع ہے۔ انہوں نے ان کے افسانوں کو جامع انداز سے پیش کیا۔ میزان قارئین میں تنقیدی بصیرت پیدا کرتا ہے۔ عالم اردو کے پڑھنے سے اور قاری کو احساس ہوتا ہیکہ اردو کی کئی کتابوں اور رسالوں میں کیا کیا مواد جگہ پا رہا ہے۔ اوراق ادب ایسے ہی ادبی رنگ کو شامل وملحوظ رکھے تو ادبی تاریخ میں جگہ و مقام بنائے گا۔

محمد ناظم علی، نظام آباد

تبصرہ

نام کتاب: عدسہ ماہ نامے کا شاذ تمکنت نمبر (ستمبر۔اکٹوبر 2007)

مدیر: میر فاروق علی

مبصر: محمد ناظم علی

اردو زبان وادب میں ادبی صحافت کی ہمیشہ سے اہمیت رہی ہے۔ ادبی صحافت نے زبان وادب کو فروغ عطا کیا اور ادب کی وسعت وارتقاء میں اس کے رول سے انکار نہیں کیا جاسکتا۔ ادبی صحافت ہی نے ادب کے شعبہ تنقید، تحقیق اور تخلیق کو جلا بخشی۔ ادبی رسائل اپنے خاص نمبر و گوشوں کے ذریعہ سے مشاہیر ادب کی ادبی خدمات و کارناموں کو خراج عقیدت وخراج تحسین پیش کرتے ہیں۔ یہی ایک وسیلہ ہے جن کے ذریعہ سے ادیب کی شناخت ہوتی ہے۔ شاعر کی پہچان و پرکھ بھی ہوتی ہے۔ چنانچہ عدسہ نے ستمبر۔اکٹوبر 2007ء کے شمارہ میں اردو کے معروف ومقبول شاعر جو اپنی شاعری میں خیال واحساس کے ساتھ حسی تجربات کو پیش کرتا ہے ان پر خاص نمبر نکال کر اعتراف خدمات کا حق ادا کیا ہے۔ وہ شاذ تمکنت ہیں۔ اردو دنیا شاذ کو منفرد شاعر قرار دیتی ہے۔ وہ اپنے معاصرین میں بالکل علٰحیدہ سے راہ بناتے ہیں۔ شاذ کو میں نے بھی دیکھا جبکہ میں انوارالعلوم کالج میں 80-1978 کے دوران طالب علم تھا وہ اپنے حلیہ کے لحاظ سے ایک شاعر، پروفیسر، فلسفی، صوفی اور کئی رنگ میں ملتے تھے۔ ایسی ہمہ رنگ شخصیت نے اردو زبان وادب کو شاعری کا تحفہ دیا اور اپنے کلام کی شکل میں اپنی یادیں چھوڑ کر دنیا سے چلے گئے۔ شاذ سنجیدہ شاعرہ ہونے کے علاوہ جدید شاعر کہلاتے تھے۔ ان کی شاعری میں غیر ماورائی کیفیت اور ان کی کہی باتیں ملتی ہیں۔ شاذ کی شاعری باطن میں ہلچل مچا دیتی ہے۔ حسی نظام و محسوسات کی دنیا میں تہلکہ برپا ہو جاتا ہے۔ حیدرآباد دکن نے کیسے کیسے ادبی ہیرے پیدا کئے۔ عصری ادب اور تدریسی ادب میں شاذ کو وہ مقام نہیں ملا جو کہ ان کو ملنا چاہئے۔ زیر نظر ماہ نامہ

عدسہ شاذ تمکنت نمبر کے فہرست مضامین پر غور کریں تو اس میں لکھنے والے اکابرین ادب کہلاتے ہیں۔ ان کی نگارشات و مضامین شاذ تمکنت کی شخصیت فکر و فن کو سمجھنے میں ممد و معاون ثابت ہوتے ہیں۔ جناب مجتبیٰ حسین کا مضمون ''شاذ تمکنت'' میں انہوں نے شاذ سے وابستہ کیفیات، حالات و واقعات کو طنز و مزاح کے پس منظر میں پیش کیا۔ انہوں نے جو واقعات و احوال بیان کئے ہیں ان میں ادبی اقدار اور ادبیت کا رچاؤ ملتا ہے۔ اسلوب احمد انصاری نے شاذ کی ایک غزل

تم گلستاں سے نہ جاؤ یہ ستم ہے دیکھو
پھول کا واسطہ خوشبو کی قسم ہے دیکھو
کوئی صورت مجھے دیدو کہ ترستا رہوں میں
میری تعمیر کی مٹی نم ہے دیکھو

اس غزل کا گہرائی و گیرائی سے تجزیہ پیش کیا ہے۔ انہوں نے گلستاں، پھول، خوشبو، ادا، حسن، آئینہ جو شاذ تمکنت کی غزل سے ملتے ہیں۔ نئے انداز سے تشریح و تعبیر کے علاوہ ان کا تجزیہ گہرائی سے کیا ہے۔ ان کی غزل کی ظاہری و باطنی خوبیوں کی نشاندہی کی ہے۔

نقی حسین جعفری نے شاذ تمکنت کی ایک غزل ''شب و روز جیسے ٹھہر گئے کوئی'' کا مکمل تجزیہ پیش کیا ہے۔ انہوں نے اس غزل کے تصورات و موضوعات اور مضمون کی نشاندہی اس طرح کی ہے کہ اس میں واحدہ کے فلسفہ و تصوف کا شعور آشکار کیا۔ اشعار میں اور کئی ایسے تصورات جو ماورائی کیفیت لئے ہوئے ہیں ظاہر کیا ہے زبیر رضوی نے ''بیاض شام کا شاعر'' کے تحت شاذ کے حلیے، روزمرہ زندگی کی تصویر کو اجاگر کیا ہے۔ ان کی عادتیں، پہناوا، طرح دار اور اکمل روزمرہ زندگی کی کیفیات و حالات کو اجاگر کرکے ہوئے۔ ان کی نظموں اور غزلوں کا تجزیہ پیش کیا ہے۔ وہ کہتے ہیں '' ان کے یہاں موضوعات کا تنوع ہے اور اس تنوع میں روحانی، سماجی، حسیاتی کیفیت کی ترجمانی ملتی ہے۔ عوض سعید نے ''شاذ تمکنت'' کے عنوان کے تحت ان

کی زندگی سے وابستہ یادوں کو تازہ کیا اور ادبی سرگرمیاں اور یاد ماضی اور حیدرآباد کی ادبی زندگی کو اجاگر کیا ہے۔ ''میرا سفر پاکستان'' میں شاذ تمکنت نے اپنے دورے کے تاثرات بیان کئے اور پاکستان میں ان کی آمد پر کس طرح ان کی پذیرائی ہوئی۔ ادبی مجالس ومحافل منعقد کئے گئے ان باتوں کو پیش کیا۔ اکابرین ادب نے ان سے شعر سنے مشاعرے وشعری محفلیں منعقد کیں۔ حیدرآباد میں ترقی پسند تحریک اور مخدوم تحقیقی انداز کا مضمون ہے، جس میں مخدوم کے تعلق سے حقائق کا اظہار ملتا ہے کہ مخدوم کس طرح مارکسٹ شاعر ولیڈر بن گئے۔ زار اور لینن کے قصے ان کے چچا سے سنتے تھے اور مساوات کا درس روس کے تاریخی حالات سے سنتے تھے۔ تب سے وہ کمیونسٹ نظریات کے حامل ہوگئے۔ شاذ تمکنت کو منظوم خراج عقیدت بہت خوب ہے۔ مضطر مجاز، امتیاز احمد مصحف اقبال توصیفی اور شاذ کا منتخب کلام بھی اچھا وبصیرت افروز ہے۔

''اردو دنیا''

عصری فکر و تقاضوں سے ہم آہنگ رسالہ

مدیر: ڈاکٹر علی جاوید

مبصر: محمد ناظم علی، صدر شعبہ اردو گری راج ڈگری کالج نظام آباد

رسالہ، رسل سے بنا ہے۔ جز پہچانا، یا کسی چیز کو عوام تک لانا، اطلاع پہنچانا رسالہ کہلاتا ہے۔ رسل عربی زبان کا لفظ ہے۔ یہ رسالہ اپنے دامن میں نیا اور تازہ مواد لئے ہوتا ہے۔ صرف غیر مطبوعہ مواد ہی کو اولیت ترجیح دی جاتی ہے۔ رسالہ اپنے دامن میں متنوع قسم کا مواد لئے ہوتا ہے۔ رسالہ کی اجزاء کا مقصد ہی یہ ہوتا ہے کہ وہ زبان و ادب کے ساتھ ساتھ سماج و معاشرہ کو نئی انقلابی فکر عطا کرے۔ رسائل کئی قسم کے ہوتے ہیں۔ کوئی ادبی ہوتا ہے تو سائنسی، دفاعی، سماجی، سیاسی، تعلیمی، ادبی رسائل کی اہمیت اس لئے ہے کہ اس میں نہ صرف ادبی مواد بلکہ زبان کی ترویج واشاعت اور وسعت کا سامان بھی مل جاتا ہے۔ ''جام جہاں نما سے'' لے کر یعنی 1822 سے ''اوراق ادب'' (روزنامہ اعتماد حیدرآباد کا ادبی ایڈیشن) تک نے زبان کے فروغ وارتقاء میں بے پایاں خدمات انجام دی ہیں۔ ایک زمانہ تھا جب کہ کتابوں سے زیادہ رسائل نکلا کرتے تھے۔ لاہور، کراچی، دہلی، لکھنؤ، حیدرآباد رسالوں کے شہر تصور کئے جاتے تھے، لیکن آج ان شہروں میں رسالوں کی اجرائی کا موقف کمزور ہوگیا ہے۔ مالی مشکلات نامساعد حالات نے کئی رسالوں کو پنپنے نہ دیا۔ پھر بھی ملک بیرون سے چند رسالے شائع ہوتے رہتے ہیں۔ ان میں ''اردو دنیا نئی دہلی'' خاص اہمیت کا رسالہ ہے۔ یہ رسالہ وزارت ترقی انسانی وسائل، محکمہ ثانوی و اعلیٰ تعلیم، حکومت ہند کے ادارے قومی کونسل برائے فروغ اردو زبان کی سرپرستی ونگرانی میں پابندی سے شائع ہوتا ہے۔ یہ اپنے نہج کے اعتبار سے دیگر رسالوں سے منفرد ہے اس کا گیٹ اپ اور سیٹ اپ بہت ہی عمدہ اور دیدہ زیب ہوتا ہے۔ اس کے مضامین و مشمولات فکر انگیز اور ادبی بصیرت کے علاوہ عصری ماحول سے آگہی عطا کرتے ہیں۔ عالمیت و آفاقیت کے اس دور

میں اردو والوں کو ایسے ہی رسالے کی ضرورت تھی وہ اردو دنیا کی شکل میں جاری و ساری ہے۔ اس میں اردو قاری کے لئے وہ سب کچھ ملے گا جو وہ چاہتا ہے۔ اردو والوں کیلئے عصری آگاہی اور عصری تقاضوں سے ہم آہنگ رسالہ ''اردو دنیا'' کی ہیئت ترکیبی اس طرح ہے اس میں آپ کی بات کالم کے تحت قارئین کے خطوط شامل کئے جاتے ہیں۔ ان خطوط و آراء سے رسالے کے قدر و کیفیت کا تعین ہوتا ہے۔ مشاہیر خطوط کے ذریعہ تبصرہ فرماتے ہیں۔ ہماری بات اور یہ اپنے جلو میں عصری فکر اور عصری ادبی نظریات و کوائف کو پیش کرتا ہے۔ ادبی و سماجی سلگتے ہوئے موضوعات پر مضامین کے ادارئے لکھے جاتے ہیں۔ ذیلی عنوان کے تحت کسی بھی بڑے ادیب و شاعر کا تعارف پیش کیا جاتا ہے۔ مئی 2007ء کے شمارے میں ڈاکٹر علی جاوید ڈائرکٹر قومی کونسل برائے فروغ اردو زبان کے تعارف۔ زندگی اور کارناموں کو اجاگر کیا گیا ہے تاکہ نئی نسل واقف ہوسکے۔ اسی طرح دوسرے ذیلی عنوان کے تحت زبان اور تعلیم میں لسانیاتی و تعلیمی مقالات و مضامین شائع کئے جاتے ہیں۔ اس کا ایک مستقل کالج اچھی اردو، روزمرہ، محاورہ، صرف بہت خوب ہے اور لسانیاتی معلومات کا پیکر ہوتا ہے۔ جس کو شمس الرحمٰن فاروقی ترتیب دیتے ہیں۔ اس میں قارئین کے سوالات کا جواب دیا جاتا ہے۔ معلومات انگیز کالم ادب کے حصے میں عصری ادب کو جگہ دی جاتی ہے بلکہ نئے اور تازہ مضامین شائع ہوتے ہیں۔ پڑھنے کے بعد قاری نئی حس و معلومات حاصل کرتا ہے۔ تاریخ کے زمرے میں تاریخی مضامین شائع ہوتے ہیں۔ شاہی آثار اور عمارتوں اور تاریخی شہروں پر تاریخی معلومات و بصیرت افروز مضامین ہوتے ہیں۔ سماجیات کے تحت سماجی مسائل و موضوعات پر نگارشات شائع ہوتی ہیں۔ شخصیت کے تحت ادبی، سماجی، سیاسی شخصیات کی زندگی اور کارناموں کو پیش کیا جاتا ہے۔ بچوں کیلئے بھی ایک گوشہ رکھا گیا ہے، جس کی تربیت اطفال میں بچوں کے تعلق سے ادب کو پیش کیا جاتا ہے۔ درخواست نگاری کے تحت درخواست نویسی کے رہنمایانہ اصول پیش کئے گئے ہیں۔ ہماری مطبوعات میں فکر انگیز تبصرے ہوتے ہیں۔ اردو خبرنامے کے تحت ملک میں ہونے والے اردو کام وکاز، سمینار، ورک

شاپ کا نفرنس کی روداد کو شائع کرتے ہیں۔ اس رسالے کو دیکھ کر یہ کہنا پڑتا ہے کہ یہ رسالہ نہیں مکمل کتاب معلوم ہوتی ہے۔

اس رسالے کے ذیلی عنوانات کا تجزیہ ومشاہدہ کیا جائے تو یہ محسوس ہوتا ہے کہ اس نے عصری دنیا کو اپنے دامن میں سمیٹے ہوئے ہے۔ ان ذیلی عنوانات کے تحت جو نگارشات و مشمولات عصری دنیا میں جینے کا سبق و شعور عطا کرتے ہیں۔ اس سے استفادہ کرنے پر اردو قارئین اپنے عصر سے ہم آہنگ ہو جاتے ہیں اور عصری ماحول میں سانس لے سکتے ہیں۔ اردو دنیا دانشوری کی روایت کو برقرار رکھے ہوئے ہے۔ ایسے رسالے کو ہر اردو خاندان کیلئے خرید کر پڑھنا ضروری ہو جاتا ہے تاکہ عصری مسابقتی ماحول میں اردو والے مقام بنا سکیں۔ اگر میں اس بات کا اظہار کروں تو بے جا نہ ہوگا یہ رسالہ اردو والوں کے لئے ایک نعمت عظمٰی سے کم نہیں۔ اس کی سالانہ خریدی کے لئے 100 روپئے کا ڈی ڈی جو بحق این سی پی یو ایل، نئی دہلی کسی بھی قومیائے ہوئے بنک سے حاصل کر کے منگوا سکتے ہیں۔ میں اردو دنیا کے سربراہوں و انتظامیہ کو دل کی گہرائیوں سے مبارکباد دیتا ہوں کہ اردو ماحول کے لئے ایسا عصری صورت و شکل والا جریدہ شائع کر رہے ہیں۔

محمد ناظم علی، صدر شعبہ اردو دگری راج گورنمنٹ کالج

نظام آباد۔503002

زر سالانہ۔/-100 روپئے

رابطہ: ویسٹ بلاک 8 ونگ، 7 آر کے پورم نئی دہلی۔110066

محمد نظام علی

تبصرہ

زیر اہتمام سیاست۔حیدرآباد

قیمت 100 روپئے

مجلّہ عالمی اردو کانفرنس

اردو زبان ہندوستان کی قومی زبان مانی جاتی ہے اور دستور کی 18 قومی زبانوں میں اس کا ذکر ملتا ہے۔اس کی ترویج واشاعت اور نشوونما 11 ویں صدی عیسوی سے جاری ہے اور 21 ویں صدی میں بھی یہ اپنے رچاؤ وبانکپن کے ساتھ زمانے کا مقابلہ کرتے ہوئے آگے بڑھ رہی ہے اور عصر سے ہم آہنگ ہونے کے لئے کئی جتن کر رہی ہے۔اردو کے فروغ وترقی کے لئے ہر دور میں کچھ نہ کچھ تحریکات چلی ہیں اور ادبی تنظیموں اور کانفرنسوں نے بھی اس کی ترقی میں کوئی کسر اٹھا نہیں رکھی۔قومی وملکی کانفرنس آئے دن ہوتے رہتے ہیں اور دنیا کے ہر علاقے میں ادبی تنظیمیں ومجلس قائم ہیں۔ان کی جانب سے اردو کا کام وکاز ہو رہا ہے اور اس کی ترویج واشاعت میں مقامی وملکی اور ریاستی تنظیمیں وادارے پیش پیش ہیں،لیکن عالمی طور پر اس کی جملہ 6 کانفرنسیں منعقد ہوئیں۔چھٹویں کانفرنس 14,15,16 جنوری 2006ء کو حیدرآباد میں منعقد کی گئی۔جناب زاہد علی خان مدیر روزنامہ سیاست اور معاون صدر عالمی اردو کانفرنس علامہ اعجاز فرخ کی کاوشوں سے مذکورہ کانفرنس کامیاب وکامران رہی۔زاہد علی خاں صاحب نے اپنی ہمہ جہت وگوناگوں مصروفیات کے باوجود عالمی اردو کانفرنس کو حیدرآباد میں منعقد کیا جو تاریخ ساز رہی۔سہ روزہ اس کانفرنس میں روزانہ تین سمینار منعقد کئے گئے،جس میں ادبی موضوعات کے علاوہ اردو کے عصری مسائل پر بھی فکر انگیز مقالات پیش کئے گئے۔اسی کانفرنس کے افتتاحی اجلاس کے موقع پر ایک مجلّہ عالمی اردو کانفرنس کی اجرائی عمل میں آئی۔افتتاحیہ کے عنوان سے زاہد علی خان نے اردو زبان کے تعلق سے کہا کہ اردو تہذیب کی زبان ہے۔اس کو زندہ رکھنا ہے تو

اگلی نسلوں تک نسل در نسل منتقل کرنا ہوگا تا کہ قیامت تک اردو کا چلن رہے۔ اس مجلّہ کی ایک خوبی یہ ہے کہ اس کو سلیقہ سے ترتیب دیا گیا اور مختلف عنوانات کے تحت ادبی مضامین کو رکھا گیا۔ آئینہ خانے کے تحت افسانے کے حصہ کو رکھا گیا۔ بھولے بسرے قاضی عبدالستار۔ فاحشہ، سید ضمیر حسن دہلوی۔ فیشن، احمد ندیم قاسمی۔ محشر، جوگندر پال۔ کہاں گئے وہ لوگ، محمد لطیف اللہ خاں، کنفشن، ہرچرن چاؤلہ۔ مہمان، اقبال متین دیگر زبانوں سے فرانسیسی ادب موپاساں تثلث۔ درج ملکورام چندر ریڈی تلگو ادب سے بابل اور شیخ ایاز سندھی ادب ہنس مکھ۔ یادرفتگان کے تحت رضیہ سجاد ظہیر نقش فریادی ہے۔ امرتا پرتیم دو عورتیں۔ گھونگھٹ عصمت چغتائی شامل ہیں۔

شعر وسخن عنوان کے تحت سلطان محمد قلی قطب شاہ، مجاز، امجد اسلام امجد، جمیل الدین عالی، منور رانا، افتخار عارف کی نگارشات شامل ہیں۔ مضامین میں پروفیسر مغنی تبسم کا مضمون مخدوم محی الدین کی معنویت اور عصر حاضر اس طرح اردو کے قدآور ادیب و مضمون نگاروں کی نثری تخلیقات کو شائع کیا گیا۔

اس مجلّہ کی ایک خوبی یہ کہ اس میں طنز و مزاح نگاروں کی تخلیقات و مضامین کو شامل کیا گیا۔ رشید احمد صدیقی، مرشد، پطرس بخاری کا مرید پور کا پیر، مجتبیٰ حسین کا مرزا غالب کا خط مرزا مجتبیٰ حسین کے نام شامل ہیں۔ مجلّہ ادبی کیفیت و کمیت کے لحاظ سے بہت وقیع ہے۔ اس کا سٹ اپ و گیٹ اپ بھی معیاری ہے۔ اردو کی نئی نسل اور اردو والے اس مجلّہ کو خرید کر پڑھیں تو معلومات کے علاوہ کئی ایک فکر انگیز باتیں ملیں گی۔ ادبی بصیرت کا حاصل ی مجلّہ سیاست آفس سے حاصل کر سکتے ہیں۔

تبصرہ

## شرف الدین شاکر پر ایک نظر

نظام آباد کا علاقہ شکرنگر کئی لحاظ سے اہمیت کا حامل رہا ہے۔ یہاں کی سرزمین ادب خیز اور ادب نواز ہے۔ یہاں ایشیاء کا سب سے بڑا شکر سازی کا کارخانہ موجود ہے۔ اسی فیکٹری سے وابستہ ملازمین میں کئی شاعر اور نثر نگار بنے، جن میں شرف الدین شاکر بھی شامل ہیں۔ وہ اپنی ملازمت کے ساتھ ساتھ ادبی کام و کاز اور اردو کی خدمت انجام دیتے رہے۔ ان کے مطابق اوائل عمر سے شعر و شاعری سے شغف رہا۔ ان کی شعری تربیت میں لکھنؤ کے اساتذہ کے شاگرد کا اہم حصہ رہا۔ عمر کے اس حصہ میں بھی ادبی مصروفیات میں مشغول رہتے ہیں۔ مشق سخن جاری و ساری رکھے ہوئے ہیں۔ ان کی شعری کاوشوں میں غزل، نظم اور نعت شریف قابل ذکر ہیں۔ ان کی پہلی تصنیف خوش بوئے گل ہے۔ جو مجموعہ نعت و منقبت پر مشتمل ہے اور عنقریب زیور طباعت سے آراستہ ہونے جارہی ہے۔ اس کی اشاعت پر صمیم دل سے مبارکباد دیتا ہوں۔ انہوں نے حمد بھی لکھی ہیں ویسے جو بھی کام ہو اللہ کی تعریف و توصیف و ثناء سے ہونا چاہئے۔ سب کچھ وہی ہے ماسواء کچھ بھی نہیں۔

دنیا میں عزیز ترین اور من پسند شخصیت ہے تو وہ حضور ﷺ کی ذات، رحمت اللعلمین ہے۔ نعت کا لکھنا، پڑھنا اور سننا عبادت ہے اور یہ ایک مذہبی صنف ہے۔ اس صنف سے اردو کے مذہبی سرمایہ میں کافی اضافہ ہوا ہے اور تا قیامت اس کو فروغ حاصل ہوگا۔ حضور ﷺ سے محبت وانسیت اس کی بنیادی شرط ہے۔ ویسے ہر مؤمن حضور ﷺ سے بے پناہ محبت رکھتا ہے۔ ان کی تعلیمات سے صحرائے عرب سرسبز و شاداب ہوا۔ دنیا اخلاقی تعلیمات سے بہرور ہوئی۔ شرف الدین شاکر صاحب نے نعت شریف میں سادے اور رواں اردو اسلوب کو اجاگر کرنے کی کوشش کی۔ نعت کی زبان و اسلوب بہت سادہ اور کوثر و مینا میں ڈوبی ہوئی ملتی ہے۔ اس مجموعہ کی ایک خوبی یہ ہے کہ شاعر نے اپنے تخلص کو ایک معنوی رنگ دیا اور عظمت محمد ﷺ کے سامنے کوئی

چیز وقعت کے قابل نہیں۔نعت شریف میں شاعر نے حضور ﷺ کی سیرت وشخصیت کو جلوہ گر کرنے کی کوشش کی ہے۔حضور ﷺ کی تعلیمات اور معجزہ کو بھی مختلف عربی اصطلاحات کے ذریعہ پیش کیا ہے۔شرف الدین شاکر ہمدرد، ملنسار اور سادگی کا پیکر ہیں۔ان کی تخلیق زیور طباعت سے آراستہ ہونے جارہی ہے۔خدا سے دعاہیکہ یہ تصنیف گل وتر وگل شاداب کی طرح مہکے اور چمکے۔

ڈاکٹر محمد ناظم علی

## مرزا اسداللہ خاں غالب

### بموقع 15 فبروری تاریخ وفات

اردو زبان وادب میں یوں تو کئی ایسے شعراء گزرے ہیں، جنہوں نے اپنی کسی نہ کسی خصوصیت کی بناء پر شہرت ومقبولیت حاصل کی۔ حکیم مومن خاں مومن کو نازک خیالی کی وجہ سے میر آہ، سودا واہ، خواجہ میر درد تصوف۔ شیخ محمد ابراہیم ذوق کو دھواں دھار قصیدہ لکھنے پر منفرد مقام عطا ہوا۔ اسی دور میں مرزا اسداللہ خاں غالب کو شاعری کے حوالے سے انفرادیت ملی۔ ان کی شاعری میں اعلیٰ فکر اور اعلیٰ اندازِ بیاں ملتا ہے۔ وہ شاعر ہونے کے ساتھ ساتھ اچھے وہ عمدہ نثار بھی تھے۔ غالب کو ہم سے جدا ہوئے 139 سال گزر گئے اور پیدا ہو کر 211 سال ہو گئے جملہ 72 سال بھر پور ادبی زندگی پائی۔ غالب 27 ڈسمبر 1797ء کو اکبر آباد آگرہ میں پیدا ہوئے۔ بعد میں دلی آکر بس گئے۔ والدین عزیز واقارب کی رحلت کے بعد غالب ننھیال میں رہنے لگے۔ ان کی ننھیال مرفع حال تھی۔ اس ماحول کا اثر ان کی زندگی پر پڑا۔ بڑے ہو کر ٹھاٹھ باٹ والی زندگی گزاری۔ آخر کار 15 فروری 1869ء کو غالب کا انتقال ہوا۔ دلی میں ہی آسودہ حال ہیں۔ غالب کی شخصیت کے کئی پہلو ہیں۔ وہ کسی کا دل نہیں دکھاتے تھے۔ دل جوئی کرتے تھے، ضرورت مندوں، بے سہارا لوگوں کی اعانت کرتے تھے، محتاجوں، مسکینوں کی خبر گیری کرتے تھے۔ ان کی شخصیت میں انسانی ہمدردی کے پہلو نمایاں تھے۔ غالب بہت خوددار واقع ہوئے تھے۔ ان کی وضع داری وخودداری مرتے دم تک قائم رہی۔ غالب کی تصانیف میں کئی اردو دیوان موجود ہیں۔ اس کے علاوہ انہوں نے مثنوی، قصیدہ اور کئی شعری اصناف میں طبع آزمائی کی۔ غالب اور غزل لازم وملزوم ہیں۔ غالب نے غزل کو بہت کچھ دیا۔ حسن وعشق، تصوف، اخلاق، معرفت وغیرہ۔ اگر آج بیرون ملک میں اردو جانی جاتی ہے تو وہ غالب کی غزل کے حوالے سے۔ ان کی غزلوں میں گہرائی کے ساتھ گیرائی ملتی ہے۔ انہوں نے فکر کو عمیق انداز میں پیش کیا۔ فکر کی

گہرائی اور گیرائی کا اندازہ لگانا مشکل ہے۔ معنی تمہیں ہمہ جہت انداز میں ملتی ہیں۔ اعتبار سے غالب کی غزل اپنا الگ و منفرد مقام رکھتی ہیں۔ کئی ایسے اشعار ہیں جن میں معنی کی گہرائی کے ساتھ فن بھی اپنی جولانی دکھاتا نظر آتا ہے۔ غزلوں میں غزل کے تقاضے ملتے ہیں۔ ان کی غزلیں حسن و عشق سے معمور ہیں اور زندگی و زمانے سے ہم آہنگ ہیں۔ اپنے اطراف واکناف کے ماحول کا پرتو ان کی غزلوں میں پایا جاتا ہے۔ غالب کی غزلوں کے محاکمہ و تجزیہ وتبصرہ کے لئے ہندوالمانی تہذیب کا جائزہ لینا پڑے گا۔ عراق، مغرب ومشرق کی تہذیب کے نقوش اس کا پس منظران کی شاعری میں نظر آتا ہے۔ ان کے دیوان کا شعرا ایرانی سیاسی وسماجی پس منظر سے دکھائی دیتا ہے۔

نقش فریادی ہے کس کی شوخی تحریر کا
کاغذی ہے پرہن ہر پیکر تصویر کا

اس طرح کے بے شمار دیوان مل جاتے ہیں، جس میں موضوع وعنوان کی نیرنگی ملے گی۔ موضوعات کا تنوع ملے گا۔ کچھ اشعار درج کئے جاتے ہیں۔

دائم پڑا ہوا تیرے در پہ نہیں ہوں میں
خاک ایسی زندگی پر کہ پتھر نہیں ہوں میں

ابن مریم ہوا کرے کوئی
میرے دکھ کی دوا کرے کوئی

موت کا ایک دن معین ہے
نیند کیوں رات بھر نہیں آتی

کیا کیا خضر نے سکندر سے
اب کسے رہنما کرے کوئی

وغیرہ اشعار میں موضوعات کا تنوع ملتا ہے۔ بہر حال نظم اور نثر میں غالب فکر کو اعلیٰ و عظیم

انداز سے باندھتے ہیں۔ اہلِ زبان و ادب سوچنے پر مجبور ہو جاتے ہیں۔ بحیثیت نثار انہوں نے عمدہ نثری خطوط کے نمونے یادگار چھوڑے ہیں۔ ان خطوط کے مطالعہ سے ایسا لگتا ہے کہ غالب ادیب کے ساتھ ساتھ مستند مورخ نظر آتے ہیں۔ انہوں نے 1857ء کے غدر کے حالات کو ایک معتبر مورخ کی نظر سے خطوط میں جزئیات کے ساتھ قلمبند کیا۔ خطوط نری شان لئے ہوئے ہیں۔ اس کے علاوہ تاریخی و سماجی بصیرت کا پتہ دیتے ہیں۔ ان کے خطوط ہندوستان کی تاریخ میں اہم مقام رکھتے ہیں۔ تاریخی حقائق و نکات ان کے خطوط سے اخذ کر سکتے ہیں۔ ان کے خطوط کے مجموعے عود ہندی اور اردو (معلّٰی) ادبی شان آن بان لئے ہوئے ہیں۔ اس لئے غالب کو ادب میں بحیثیت غزل گو شاعر اور بہترین نثار مانا جاتا ہے اور ان کی حیثیت مسلمہ ہے۔ 21 ویں صدی میں بھی ان کے کلام و نثر کی تشریح و تعبیر کر سکتے ہیں۔ کئی برس بیت جانے کے بعد بھی ان کا کلام تروتازہ محسوس ہوتا ہے۔ نثر بھی عصری تازگی عطا کرتی ہے۔ ایسا ذہین ادیب و شاعر 15 فروری 1869ء کو داغِ مفارقت دے گیا۔

محمد ناظم علی

## آل احمد سرور کا تنقیدی تصور

اردو زبان و ادب میں تخلیقی سرمایہ امیر خسرو کے دور سے مل جاتا ہے۔ علاء الدین خلجی کے عہد میں باضابطہ و با قاعدہ ادبی نمونے ملتے ہیں۔ 12 ویں اور 13 ویں صدی عیسوی میں ادبی تصانیف تخلیق ہوئی ہیں۔ اردو کی اولین کتابوں میں خواجہ بندہ نواز گیسودراز کی معراج العشاقین اور دیگر تخلیقات شامل ہیں۔ تخلیق دراصل تنقید ہے کیونکہ تخلیقی عمل میں تنقید کا عمل کار فرما ہوتا ہے۔ تخلیق کار کے ساتھ تنقید ہمیشہ ساتھ ساتھ چلتی ہے، لیکن اس کے باوجود ادب میں تنقید کا شعبہ وجود ہوتا ہے۔ وجہی نے قطب مشتری کے اشعار میں تنقیدی شعور کو پیش کیا ہے وہ کہتے ہیں :

جو بے ربط بولے بتیاں پچیس بھلا ہے جو ایک بیت بولے سلیس

حالی نے بھی اپنی شعری تخلیق میں تنقیدی شعور کو پیش کیا۔ نثر میں تنقید کے اولین نقوش، تذکرہ، مقدمہ، دیباچہ، پیش لفظ، پیش گفتار میں ملتے ہیں۔ ان میں شامل تنقید کوئی (Setup) یا ضابطہ سے نہیں کی جاتی۔ اس لئے ان میں صرف شعراء کا کلام اور کلام کے نمونے کو مختصراً پیش کیا جاتا ہے، لیکن حالی کے دور سے عملی تنقید کے نمونے مل جاتے ہیں۔ بعض ادبی مکتب فکر کا یہ احساس ہے کہ ادب میں یا تخلیق کیلئے تنقید ضروری نہیں تخلیق خود تنقید ہے۔ تنقید، تخلیق کی قدر و قیمت متعین کرتی ہے۔ کسی بھی تصنیف کے معائب و محاسن کی نشاندہی کرتی ہے۔ حسن و قبح، مالہ و ماعلیہ کو آشکار کیا جاتا ہے۔ ادب میں تنقیدی عمل سے ہی تخلیق کو مقبولیت و شہرت ملی۔ اب تنقید نے اتنی ترقی کر لی ہے کہ اس کے سرمائے پر غور کریں تو وسیع نظر آئے گا۔ تنقیدی دبستانوں کا جائزہ لیں تو مختلف نوع و اقسام کی تنقید ملے گی۔ تاثراتی تنقید، جمالیاتی تنقید، عملی تنقید، ہیئتی تنقید، تقابلی تنقید، سائنٹفک تنقید، مارکسی تنقید، ترقی پسند تنقید، جدید تنقید، جدیدیت اور مابعد جدیدیت، متنی تنقید، ساختیات، پس ساختیاتی تنقید وغیرہ مذکورہ بالا تنقید کے ماننے والے نقاد

اپنے اپنے اصولوں کے تحت تنقید کرتے ہیں اور یہ اپنا الگ مخصوص نظریہ رکھتے ہیں۔ ادب و تخلیق کو پرکھنے کا زاویہ نظر رکھتے ہیں۔ ان نقادوں میں آل احمد سرور منفرد مقام رکھتے ہیں۔ ان کے اس بیان سے تنقیدی رویہ وطریقہ کی نشاندہی کر سکتے ہیں۔

جب ہم کسی شاعر یا ادیب کی تخلیقات کا تجزیہ کرتے ہیں تو اس کے فن کو سمجھنے کے لئے اس کے ماحول کو پیش نظر رکھنا چاہیئے جو کہ اس عہد کے ماحول میں جنم لیتی ہے۔ مزید کہتے ہیں کہ کسی شاعر یا ادیب کی تخلیقات کے تجزیہ کے لئے اس عہد کے سماجی، سیاسی، تمدنی میلات کو پیش نظر رکھنا ہوگا کیونکہ ادبی اقدار ہر دور میں بدلتی رہتی ہیں۔ اس بیان کی روشنی میں آل احمد سرور کے ادبی نظریہ و تنقید کا جائزہ لیں تو ہمیں محسوس ہوتا ہے کہ وہ ادب برائے زندگی کے قائل ہیں اور کسی بھی ادبی تخلیق کو پرکھنے کے لئے اس کے عہد کے سماجی، معاشی اور معاشرتی ماحول کو سمجھنا ناگزیر ہے۔ ان کی ابتدائی تحریروں میں مارکسی اور سائنٹفک نظریات و تصورات ملتے ہیں۔ اس کے بعد وہ جدیدیت اور ترقی پسند تحریک کے زیر اثر متاثر ہوئے بغیر نہ رہ سکے۔ اس کے علاوہ وہ تقابلی تنقید نگار بھی ہیں۔ انہوں نے مغربی ادب کے شعراء کا موازنہ اردو شعراء اور ادیبوں سے کرتے ہیں۔ اس طرح ان کی تحریروں میں تقابلی تنقید کی جھلک ملتی ہے۔ سرور تنقید میں کسی ایک دبستان کے ہو کر نہیں رہے، بلکہ چند دبستان سے اپنی وابستگی کا ثبوت تحریری تنقیدی سے دیا۔ تو ذہن محدود فکر سکڑ سکتی ہے، اس لئے وہ ہر دور کی ادبی تحریکات ور جحانات کا خیر مقدم کرتے ہیں، ان اقدار کا تجزیہ و محاکمہ کرتے ہیں، اس کے بعد اس کو اپناتے ہیں اور ادب میں صحت مند بدلتے رجحانات کا ساتھ دیتے ہیں۔ اگر انہوں نے ترقی پسندی و جدیدیت کی تائید کی ہے اور ان میں سرگرم حصہ لیا بھی ہے تو وہ ادب و زبان کے فروغ اور ترقی کے لئے لیکن وہ اس تعلق سے بھی ادبی معلومات کا شکار نہیں ہوئے۔ سرور صاحب کی تنقیدوں میں میانہ روی، اعتدال پسند اور توازن شروع سے برقرار ہے۔ وہ کہیں بھی انتہا پسندی کا شکار نہیں ہوئے۔

گو کہ آل احمد سرور تنقید کے اصول اور نظریات پر کوئی مبسوط و جامع کتاب نہیں لکھی،

لیکن انہوں نے کئی مقالات و مضامین میں ادبی پرکھ اور تنقید کے اصولوں سے بحث کی ہے، جس سے ان کی تنقیدی نظریات پر گہری نظر محسوس ہوتی ہے۔ ان کے تنقیدی مضامین کے کئی مجموعہ شائع ہوئے ہیں۔

تنقید کیا ہے؟ تنقیدی اشارے اور نئے اور پرانے چراغ اور ادب اور نظریہ مسرت سے بصیرت تک وغیرہ ان میں اور ان کے علاوہ کئی مضامین و نثر نگاری نگارشات میں ادبی مسائل اور تنقید کے مسائل و امکانات پر بحث ملتی ہیں۔ بقول سرور تنقید کا مستعد تشریح نہیں بلکہ زندگی کے گہرے شعور اور ادبی قدروں کی تلاش ہے۔ ومختلف نظریات تنقید کو سامنے رکھ کر ادب اور زندگی کے گہرے شعور اور ادبی قدروں کے تعلق پر غور کرتے ہیں۔ شعبہ اردو یونیورسٹی آف حیدرآباد کے نیشنل سمینار میں جو 15 ستمبر 2006ء کو منعقد ہوا، پروفیسر مغنی تبسم نے سرور کی تقنید کے بارے میں یوں کہا کہ سرور کی تنقید انتخابی تنقید کہلاتی ہے۔ سرور کی تنقید کے بارے میں نیا انکشاف ہے، جو ان کی تنقید تنقیدی کارنامے کے عِوض تخلیق ہوئی۔ کئی ایسے مشاہیر ادب ہیں، جنہوں نے سرور کی تنقید میں اعتدال و توازن کی نشاندہی کی، ویسے تنقید کا ایک نازک و باریک منصب یہ بھی ہوتا ہیکہ وہ اپنے تنقیدی عمل میں توازن چاہتا ہے۔

آل احمد سرور کے تنقیدی کارنامے بہت ارفع اور دقیع ہیں۔ ان تنقیدی کارناموں کو دیکھ کر یہ کہنا پڑے گا کہ آل احمد سرور دبستان تنقید کا ایک اہم و ناقابل فراموش ستون کہلاتے ہیں۔ اردو ادب میں تنقید کی تاریخ تب ہی مکمل ہوگی جبکہ سرور کا ذکر ہونا ناگزیر ہوا اور تنقید کو فروغ دینے میں انہوں نے کوئی کسر نہیں چھوڑی۔ ان کا مقام و مرتبہ تنقیدی اعتبار سے مسلمہ ہے۔

## مولانا آزاد......عبقری شخصیت

## قوم وملک کے نباض

مولانا ابوالکلام آزاد (محی الدین احمد اصل نام) 1888ء کو مکہ معظّمہ میں پیدا ہوئے۔ ابتداء میں والد ماجد مولانا خیرالدین کی تربیت میں رہے اور زندگی اور زمانے سے سبق سیکھتے رہے۔ مشاہدہ اور تجربات سے صلاحیت وقابلیت پیدا کی۔ مطالعہ کا شوق وذوق بے انتہاء تھا۔ اس سے بھی ان میں بے پناہ صلاحیت پیدا ہوئی۔ 12,10 سال کی عمر سے صحافت میں تجربہ حاصل کیا۔ اپنے دور کے اخبارات وجرائد میں کام کرتے رہے اوران کی ادارت کے فرائض بھی انجام دیئے۔ انہوں نے اپنے طور پر کئی اخبارات بھی نکالے اور مختلف اخبارات سے وابستہ رہے، جن میں گلدستہ، لسان الصدق، وکیل، دارالسلطنت، المصباح، الندوہ وغیرہ شامل ہیں۔ اس تجربے کے بعد انہوں نے قوم وملک کی ترجمانی کے لئے الہلال والبلاغ اخبار شائع کئے اور ان اخبارات کو قوم وملک کے لئے وقف کردیا۔ ساتھ میں ملت ومسلمانوں کی دینی اور تعلیمی خدمت انجام دی۔ صحافت ایسا شعبہ وہتھیار ہے جس کے ذریعہ سے صحافی حکومت پر اثرانداز ہوسکتے ہیں اور رائے عامہ ہموار کرسکتے ہیں۔ یہ قوم وملک کی ذہنی تعمیر وآبیاری کا بہترین ذریعہ ہیں۔ چنانچہ مولانا آزاد نے الہلال والبلاغ کے ذریعہ اپنے مقاصد کو حاصل کیا۔ مسلمانوں میں آزادی کا جذبہ پیدا کیا۔ دینی روح پھونکی اور ملت ومسلمانوں کو احساس دلایا کہ کیا تھے کیا ہوگئے۔ اپنی تحریروں کے ذریعہ ماضی کا احساس دلایا اور حال میں ترقی حاصل کرنے کی تلقین کی۔ مولانا صحافت کے ذریعہ انگریزوں کو ملک سے نکالنے کی کوشش کی۔ آزادی کے لئے ان کا یہ نظریہ رہا کہ حصول آزادی کے لئے وہی قوم آزادی سے ہمکنار ہوسکتی ہیں جو خود سے جدوجہد کریں، کسی پڑوسی پر مدد کے لئے انحصار نہ کریں۔ ایسا خیال خام ہوتا ہے۔ ہندوستانیوں میں آزادی کے سچے جذبے کو پیدا کرنے کی کوشش کی۔ گاندھی، نہرو اور سردار ولبھ بھائی پٹیل سے مل

کر اوران کے دوش بدوش رہ کر ہند کو آزادی سے ہم آہنگ کیا اور 15 اگست 1947ء کو ملک آزاد ہوا۔ حصول آزادی کے لئے تیار کیا۔ کیا کچھ نہیں کیا گیا، تن من دھن سب کچھ نذر ہو گیا۔ جیل کی صعوبتیں برداشت کیں، انگریزوں کا ظلم سہا، قیمتی جانیں تلف ہوئیں۔ بے شمار جانی مالی قربانیوں کے بعد آزادی کی صبح نصیب ہوئی۔ ملک کو آزادی تو ملی لیکن آزادی کے بعد ہندوستان کی جو تصویر گاندھی، نہرو اور مولانا آزاد نے دیکھی تھی کیا یہ وہی ہندوستان ہے...... نہیں نہیں......

وہ ایک ایسے ہند کی تلاش میں تھے جس میں نفرت نہ ہو...... محبت ہو اور ملک کی قوم یکساں ترقی کرے۔ تمام طبقات کو مساوی انصاف ملے، لیکن عصری دور میں تصویر کچھ الگ نظر آتی ہے۔

آزادی کے بعد عدم مساوات عام ہے۔ عدم انصافی کا بول بالا ہے۔ فسادات سے ملک کمزور ہو جاتا ہے۔ کرپشن عام ہو گیا، ناگہانی حادثات پر کسی ایک فرقہ کو بدنام کیا جا رہا ہے۔ حالانکہ دہشت گردی کا مذہب سے کوئی تعلق نہیں ہوتا۔ ملک میں کہیں بم اندازی ہو تو مخصوص فرقہ کو گرفتار کیا جاتا ہے۔ مجرم کوئی اور ہوتا ہے معصوم کو دار پر چڑھایا جاتا ہے۔ یہ ہے انصاف......؟ ہندوستانی سماج و قوم کی اصلاح ناگزیر ہے۔ اخلاقی تعلیم کو رائج کیا جائے۔ نفرت و تفرقہ والی سیاست کو دور کیا جائے۔ سیاست میں غنڈہ عناصر اور مجرمانہ ذہنیت رکھنے والوں کو دور رکھا جائے۔ سیاست میں اقدار کا بول بالا ہو۔ صحت مند سیاسی قدریں پامال ہو رہی ہیں۔ زندگی کے ہر شعبہ میں گندی سیاست کا غلبہ بڑھتا جا رہا ہے، جس سے سماج میں غیر صحتمند قدریں پروان چڑھ رہی ہیں۔ مولانا کا خواب کچھ اور تھا...... وہ یہ کہ ملک کی ہمہ جہت ہمہ گیر ترقی ہو تمام طبقات شیر و شکر کی طرح گھل مل جائیں۔

مولانا اپنے نظریے و عمل سے قوم و ملک میں ایک عبقری شخصیت مانے جاتے ہیں۔ وہ قوم کے نباض بھی تھے۔ کم عمری سے ہی ان میں خطیبانہ و مفکرانہ انداز پیدا ہو گیا تھا۔ 12 سال کی

عمر میں بھرے مجمع کو مخاطب کرتے تھے۔ اپنی بات کو مدلل اور ثبوت کے ساتھ پیش کرتے تھے۔ قوم کے دکھ و درد کا ادراک رکھتے تھے۔ ملت کے عائلی مسائل ہوں، معاشرتی، اقتصادی، سیاسی مسائل ہوں۔ ان کا حل اپنی تحریروں و تقریروں میں پیش کرتے تھے۔ ان صفات و خوبیوں کے ساتھ مولانا میں اور کئی خصوصیات تھیں۔ ان کی خدمات بھی بے پایاں ہیں۔ مقدمہ ترجمان القرآن۔ آسان و عام فہم قوم کے لئے پیش کیا۔ غبار خاطر مولانا کے خطوط کا مجموعہ ہے، جس میں ادبی خوبیاں و خصوصیات موجود ہیں۔ ایسی عبقری و قوم و ملک کے نباض کو فراموش کرنا قومی بد دیانتی کا باعث ہوگی۔ مولانا کے ملک و قوم پر بیش بہا احسانات ہیں۔ عصری ہندوستان کی تعمیر و ترقی میں ان کا گراں بہار کردار رول رہا۔ 11 نومبر ان کی پیدائش کا دن ہے۔ اس دن کو ریاست اور ملکی سطح پر یوم قومی تعلیم کے طور پر منایا جائے اور جگہ جگہ سمینار، جلسے اور تقریبات منعقد کئے جائیں۔ جب دیگر قائدین اور سماجی رہنماؤں کا جشن منایا جاتا ہے تو مولانا ابوالکلام آزاد کی فکر و خیال اور فن کو نئی نسل میں عام کرے کیلئے جشن آزادی اور یوم قومی تعلیم کا انعقاد 11 نومبر کو عمل میں لائیں تو مولانا کے خدمات و کارناموں کو صحیح و سچا خراج ہوگا اور نئی نسل ان کے بیش بہا اصولوں پر عمل کرے گی۔

ماہنامہ عدسہ

مضطر مجاز نمبر (ادبی سپلیمنٹ)

مدیر: میر فاروق علی   مبصر: محمد ناظم علی

(صدر شعبہ اردو گری راج کالج نظام آباد)

آج کے دور میں ادبی رسائل کی اجرائی عمل میں لانا بہت مشکل ہے یہ گھاٹے کا سودا ہے۔اس لئے کہ ادبی رسائل جب نکلتے ہیں تو خریدنے والا کوئی نہیں ہوتا بہت کم خریدار ہوتے ہیں۔ باقی شمارے تحفہ اور ہدیہ کے طور پر چلے جاتے ہیں۔ادبی کتب کا بھی یہی حال ہے ایسے میں میر فاروق علی مدیر ماہنامہ عدسہ کی حوصلہ و ہمت کی داد دینی چاہئے کہ وہ برابر ادبی رسالہ عدسہ پچھلے دو سال سے جاری رکھے ہوئے ہیں اور اُس پر نمبر بھی نکالتے ہیں۔نمبر نکالنے میں بھی کئی عملی دشواریاں پیش آتی ہیں۔ بہرحال جنوری،فروری، مارچ 2008ء کا ماہنامہ عدسہ مضطر مجاز نمبر ہے۔مضطر مجاز صاحب جدید شاعر ہونے کے علاوہ وہ روایتی اور کلاسیکی مزاج کے حامل شاعر بھی ہیں۔ وہ ماہر اقبالیات و غالب بھی ہیں۔ وہ جس جلسے و سمینار میں جاتے ہیں وہاں اپنے اختراعی ذہن سے نئی بات سمجھا دیتے ہیں اور شرکاء سمینار غور و فکر پر مجبور ہو جاتا ہے۔ایک دانشور ادیب و شاعر پر عدسہ کا نمبر نکالنا ایک اعزاز سے کم نہیں۔مضطر مجاز صاحب کو فارسی پر عبور حاصل ہے اور فارسی سے اردو میں ترجمہ کرنے اور ادبی تحریریں دانشورانہ پہلو لئے ہوتی ہیں۔موصوف پر Ph.D کی سطح کا کام بھی کیا گیا۔مقبول احمد مقبول نے اپنے مقالے میں مضطر مجاز کی شخصیت فکر و فن کا تنقیدی و محققانہ انداز سے جائزہ لیا ہے۔

اس نمبر کے مشمولات پر نظر ڈالیں تو ایسا محسوس ہوتا ہے کہ جن قلم کاروں نے مضطر مجاز پر لکھا ہے وہ سب کے سب اعلیٰ درجہ کے ادیب، نقاد، محقق اور دانشور ہیں۔زیادہ تفصیل میں گئے بغیر ان کی فہرست یہاں درج کرنا ضروری سمجھتا ہوں۔طلوع مشرق ڈاکٹر ضیاء الدین شکیب ''ارمغان حجاز'' ڈاکٹر غلام دستگیر رشید اور پروفیسر عالم خوندمیری۔خاکہ یوسف ناظم۔شہر بقا ڈاکٹر

رحمت یوسف زئی۔ مضطر مجاز۔ پروفیسر مغنی تبسم وغیرہ اور دیگر نثری تخلیقات پر سیر حاصل مضامین اور تنقیدی آراء کو اس نمبر میں جگہ دی گئی ہے۔ آخر میں انتخاب کلام دیا گیا ہے۔ نمبر اپنے اندر ہمہ صفات خوبیاں لئے ہوئے ہے۔ اس میں ہر زاویہ سے مضطر مجاز کو دیکھا جاسکتا ہے۔ ان کی زندگی، شخصیت، ذات اور کردار، صفات اور بحیثیت شاعر، ناقد، عالم، مترجم، ماہر اقبال ہر تصویر سامنے آجاتی ہے۔ یہ نمبر ادبی حلقوں میں پسند کیا جائے گا اور مضطر مجاز پر تحقیقی کام کرنے والوں کے لئے ایک نعمت سے کم نہیں۔ خاص نمبرات سے شاعر وادیب کی ادبی قدر و قیمت کا تعین ہوتا ہے اور ان کے ادبی کارنامے عوام کے سامنے آجاتے ہیں۔ آئندہ بھی مزید مشاہیر ادب پر نمبر یا گوشے شائع کئے جاسکتے ہیں۔

مدیر عدسہ اپنی ان علمی کاوشوں کے ذریعہ مبارکباد کے مستحق ہیں۔

صفحات:72 قیمت:50روپئے

ملنے کا پتہ (1353)12-13-483/A

اسٹریٹ نمبر 14، لین نمبر 5، تارناکہ،

حیدرآباد۔500017

فون:040-27174804

سیل:09848203703

محمد ناظم علی لکچرر

گری راج گورنمنٹ ڈگری کالج نظام آباد

انگور کھٹے ہیں کے آئینہ میں

اردو ادب میں طنز و مزاح کی روایت اس کا آغاز اودھ پنچ رسالے سے ہوتا ہے۔ ابتداء میں اس کو شاعری کی صنف نہیں مانا گیا بلکہ ایک اسلوب اور طرز کا نام دیا گیا۔ مزاح کسی ہمدردی کے تحت فنکار کے دل میں پیدا ہوتا ہے طنز غصہ و برہمی کے تناظر میں ابھرتا ہے۔ دونوں ٹکنیک کو

برتنے کیلئے بڑی چابک دستی سے کام لینا پڑتا ہے۔ادب میں طنز ومزاح کا سرمایہ بہت وسیع ہوتا جارہا ہےاور یہ ادب کیلئے ایک بے پایاں اثاثہ ہے۔اس طرح کا ادب نہ صرف بصیرت بلکہ سماج میں شعور وآ گہی عطا کرتا ہے۔اس کو دوسرے درجہ کا ادب کہنے والے اس کی افادیت کیا جانیں۔ طنز ومزاح کسی کے یہاں تیز ہے کسی کے یہاں تیکھا پن لئے ہوتا ہے۔بعض ادیب وشاعر مکمل زندگی اسی کے لئے وقف کردیتے ہیں۔طنزیہ ومزاحیہ ادب عبرت کا سامان عطا کرتے ہیں۔ ساتھ ہی ساتھ پند ونصائح اور فکرانگیز سماجی اور معاشرتی احساس دلاتے ہیں۔بعض نقادوں کا خیال ہیکہ طنز ومزاح میں عموماً ساس و بہواور معاشرتی مسائل پیش کئے جاتے ہیں،لیکن دیانت داری اور غیر جانبداری سے تجربہ کیا جائے تو مذکورہ ادب میں زندگی وزمانے کے مرقع مل جاتے ہیں۔ پاگل عادل آبادی کسی تعارف کے محتاج نہیں۔ وہ طنز ومزاح کی دنیا میں اپنا منفرد مقام رکھتے ہیں۔ان کے کئی شعری مجموعے شائع ہوکر شہرت دوام حاصل کرچکے ہیں۔الم غلم۔ چوں چوں کا مربہ۔گڑبڑ گھٹالہ۔انگور کھٹے ہیں۔کھسر پھسر،اوٹ پٹانگ،قابل ذکر ہیں۔ان کتابوں کے ناموں کی ترکیب ہی سماجی حالات اور سیاسی واقعات کی طرف اشارہ کرتی ہےاور یہ نام محاوتاً سماج میں زبان زد خاص وعام ہیں۔زیرتبصرہ تجزیہ کتاب انگور کھٹے ہیں۔1992ء میں شائع ہوئی ہندوستان کی تاریخ میں 1992ء کا سال قومی وروحانی سانحہ کا سال قرار پاتا ہے۔اس کی گونج بھی ان کے کلام میں مل جائے گی۔کتاب کا آغاز نعت شریف سے کیا گیا ہے۔ان کی پہلی غزل میں چند شعر ایسے مل جائیں گے جس میں سیاسی حالات اور دھوکے بازیوں کو فنکارانہ انداز سے کس طرح بیاں کیا جاتا ہے۔

ممبروں نے گھر خریدا صدر نے لی پھٹ پھٹی

ہوگیا چندہ غبن آدھا ادھر آدھا ادھر

لیڈروں کا بس چلے تو بول کر گاندھی کی جے

بانٹ لیں گاندھی بھون آدھا ادھر آدھا ادھر

تھی غزل استاد کی چیلے نے محفل لوٹ لی
اعتبار فکر وفن آدھا ادھر آدھا ادھر

چراغ سے چراغ جلتے ہیں کے مصداق لوگ عنوان موضوعات اور اسلوب کا سرقہ کرتے ہیں اور دوسروں کے طرز بیان کو اپنی ذاتی تخلیقی کاوش گردانتے ہیں۔ ادبی وشعری توارد دوسرے ادب میں بہت مل جاتے ہیں۔ وہی تخلیق مؤثر ہوتی ہے۔ جو ذاتی تخیل و کرسے تخلیق پاتی ہے۔تم

شوق سے کراؤنس بندی آپریشن
مانند کھٹملوں کے بچے ابل رہے ہیں

پوچھے جب محبت کا جواب آہستہ آہستہ
تو کھولی عشق کی میں نے کتاب آہستہ آہستہ

امیر مینائی کی زمین میں اوران کے انداز میں اوپر کا شعر تخلیق ہوا ہے۔ پوری غزل اسی طرز میں لکھی گئی ہے۔

آج کل بھائی بھی پیتا ہے لہو بھائی کا
فرق انسان میں باقی ہے نہ حیوانوں میں

پاگل نے بڑے پتہ کی بات کہی ہے۔ مادی ہوا وہوس ایسی لگ گئی ہے کہ ہر کوئی پیسہ کا پجاری نظر آتا ہے۔ پیسہ کی خاطر بھائی بھائی کا خون کر دیتا ہے۔ اب ایسا محسوس ہوتا ہے کہ انسان کا کردار حیوانوں سے بدتر ہو گیا ہے۔ انسانیت نام کو بھی نہیں ہے۔ اس طرح اور بہت سے اشعار ہیں۔ جن میں پاگل نے اپنے دور کی عصری حیثیت کو سمٹ لیا ہے۔

قوم کے غم میں قوم کے لیڈر اکثر کھاتے رہتے ہیں
مرغ مسلم شام سے پہلے چورن آدھی رات کے بعد

کیا بھروسہ آج کل کے لیڈروں کا دوستو
بیچ کر کھا جائیں گے سند کی بلڈنگ ایک دن

مزائل اور آئٹم کے زمانے میں وہ لڑنے کو
چلے ہیں لیکے اک جھاڑوں کا ٹٹہ دیکھتے جاؤ
اک میں ہی مارتا ہوں یہاں غم کے پیڈ لاں
دھوبی چمار چور گدھے سب مزے میں ہیں
مجھ سے پڑوس کا بھی وہ ٹکس لے رہے ہیں
دفتر میں بلدیہ کے گھپلے بھی کم نہیں ہیں
دے کے ڈرائیور میرے گھر سے یوں دلبر نکلا
سانپ کے منہ میں سے جیسے کے چھچھوندر نکلا
ہے یہ کھادوں کا گھوٹالہ کہ اثر سیزن کا
بیج بیگن کا جو بویا تو ٹماٹر نکلا
پھانسی کا ہے پھندہ تو کہیں زہر کا پیالہ
سچوں کیلئے ہر جگہ انعام بہت ہیں
بھارت میں اصولوں کا نہیں کوئی بھی لیڈر
بھارت میں آیا رام گیا رام بہت ہیں
کچھ بھی نالج تو نہیں شیخ جمن کو پھر بھی
سوشلزم پہ بحث دھوم کی کرتے دیکھا
جو پارسائی میں مشہور تھے تعجب ہے
حرام خوری میں نقشے جما کے چھوڑے ناں
اہل خرد ملے نہ تو اہل نظر ملے
ہم انگوٹھے چھاپ کئی راہ بر ملے
چاول تو مل رہا ہے مدت سے کوپنوں پر

سنتے ہیں اب ملے گا کوپن پر پیار پانی

اس طرح کئی اشعار ایسے مل جاتے ہیں جن میں روزمرہ ماحول حالات وکوائف کو سادگی سے پیش کیا گیا ہے۔ عام بول چال کی زبان و اسلوب میں سماجی و معاشرتی حالات کی عکاسی بڑی دلکش لگتی ہے۔ ان کے موضوعات میں سماجی ناہمواری سیاسی بے اعتدالی اور بدنظمی جگہ جگہ ان کے اشعار میں پائی جاتی ہے۔ سیاسی اور سماجی مسائل کا اظہار اس دور کی غزلوں میں ملتا ہے لیکن آج بھی ان میں سے جوں کے توں برقرار ہیں۔ پاگل عادل آبادی نے اپنے شعری مجموعے میں روزمرہ زندگی کو زمانے کے واقعات کو انگریزی الفاظ کا سہارا لیکر مؤثر بنانے کی کوشش کی ہے۔ غزل اپنے عصر و زمانے کی حسیت کو لئے ہوئے ہے۔ نظم ''مسلم سے خطاب'' میں مسلمانوں پائی جانے والی کوتاہیاں ولاپروائیاں اور پہلوتہی کو بیان کیا گیا ہے اور مذہب پر کو کتنے عمل پیرا ہیں۔

کا احساس دلایا ہے۔ معاشرتی اور عام زندگی میں ہونے والی برائیوں اور سماجی عدم مساوات اور ناانصافیوں کے واقعات پاگل کی شاعری میں مل جاتے ہیں۔ وہ دن دور نہیں کہ پاگل عادل آبادی کا ادب میں مقام بنے گا۔ مزاحیہ ادب میں ان کی تخلیقات گل شبو اور گل تر کی طرح چمکے گی اور ادبی مقبولیت حاصل کریں گی۔ انگور کھٹے ہیں میٹھا س میں تب تبدیل ہوں گے جبکہ سماج کی اصلاح ہو جائے۔

## کیا انشائیہ صنف ادب ہے

اردو زبان وادب میں کئی ایسی اصناف ہیں جن کو صنف کا درجہ دیا گیا۔ وہ صرف اپنے مواد کی دلکشی اور لب ولہجہ کی وجہ سے شناخت رکھتی ہیں۔ انشائیہ کو مختلف ادبی مشاہیر نے الگ الگ نام دیئے ہیں۔ انگریزی میں بھی اس کو Personal Essay اور Self Portraise کا نام دیا گیا ہے۔ اردو میں ذاتی شبیہہ اور ہلکے پھلکے مضامین سے عبارت ہے اور مضمون کی عمدہ شکل کو انشائیہ کہا گیا ہے۔ انشاء عربی زبان کا لفظ ہے، جس کے معنی لکھنے، تحریر کرنے کے ہیں۔ عمدہ عبارت آرائی کرنا، عمدہ مضمون لکھنا انشائیہ کہلاتا ہے۔ ویسے جب تک کسی صنف کے لکھنے کے اصول متعین نہ ہوں تو پھر وہ کیسے فروغ پائے گی۔ کسی نے اس کو ذہنی ترنگ اور موڈ کے تحت لکھی جانے اولی تحریر کہا ہے۔

محمد حسین سید محمد حنین اپنے مضمون انشائیہ ایک صنف ادب جو ہماری زبان علیگڑھ یکم ر اپریل 1962ء میں شائع ہوا یوں رقم طراز ہیں۔ ''انشائیہ کو ہم عام طور پر ایک پر لطف اور جاذب توجہ تحریر سمجھتے ہیں اور اسے ایک دلچسپ ادبی مضمون قرار دیتے ہیں یہ صحیح ہے۔ ادب انسان، مہذب ومتمدن انسان کی حسی وذہنی کاوشوں کا تحریری عکس ہے۔ انشائیہ کو ہم مضمون کی ایک قسم خیال کر سکتے ہے۔ پروفیسر سلنجی نے انشائیہ پر ایک نظر میں کہا کہ اردو میں انشائیہ کو صنفی لحاظ سے سب سے پہلے اختر سونپوری نے ادب میں روشناس کرایا۔ مذکورہ بالا بیانات وآراء سے انشائیہ کی صنفی تصویر سامنے نہیں آتی۔ انشائیہ عمدہ مضمون نگاری ہے تو پھر ایسے مرقع اور عکس ناولوں اور داستانوں کی میں نظر آتے ہیں۔ وجہی کی سب رس میں بھی انشائیہ کا انداز ہے تو پھر کیسے ادب میں انشائیہ کی شناخت اور وجود کو مانیں جب اس کے اصول اور اجزائے ترکیبی نہیں تو یہ صنف کس اصول کی پابند ہے اگر اس کا دارومدار انسان کے موڈ پر ہے تو موڈ دیگر اصناف کو بھی جنم دے سکتا ہے۔ ارادہ انشائیہ لکھنے کا ہو تو موڈ اس سے مبرا ہو کر کچھ کا کچھ بنا دیتا ہے۔ ہم عمدہ مضمون نگاری کہہ کر دامن نہیں بچا سکتے۔ ابھی سے ہم یہ تعین کر لیں کہ انشائیہ کن اصولوں وقواعدو

ضوابط کا ہوتا ہے اوراس میں کن اصولوں کو ملحوظ رکھا جاتا ہے۔غزل،قصیدہ،رباعی،ناول،افسانہ وغیرہ ان کے بندھے ٹکے اصول ہیں تو پھر انشائیہ کے کیوں نہیں ہیں۔اس تعلق سے حتمی فیصلے صادکرنا ہوگا اور جب صنف کا درجہ دیا گیا تو اجزائے ترکیبی کیا ہیں۔ ماضی میں بحث بہت ہو چکی ہے لیکن حاصل کیا ہوا۔اب ادب میں کئی ایسے نقاد و دانشور ہیں جو انشائیہ کے تعلق سے بصیرت افروز اور دانشورانہ فیصلے و نظریے پیش کرتے ہیں۔ بیسوی صدی میں کئی انشائیہ نگار ملتے ہیں۔ خواجہ حسن نظامی کا سی پارہ دل، علامہ نیاز فتح پوری کی نگارستان اور سید سجاد حیدر یلدرم کی خیالستان قابل ذکر ہیں۔سجاد انصاری کے بھی انشائیے ادبی قدر و منزلت کے حامل ہیں اور بھی کئی انشائیہ نگار گزرے ہیں لیکن جس صنف ادب کے تعلق سے ابھی تک مغالطے ہیں اور کوئی حتمی ثبوت و فیصلے و نظریات تخلیق کرنا باقی ہے تو پھر ہم کیسے اس کو صنف ادب کا درجہ دیں گے۔ادب صرف ذہنی ترنگ یا موڈ کا پابند نہیں ہوتا۔یا بے ربط تحریر مؤثر جملے، چھوٹے چھوٹے جملے کہہ دینا اوراس میں انشائیہ کی خصوصیات بتا دینا ٹھیک نہیں بلکہ اس کے اجزائے ترکیبی لکھنے کے اصول و ضوابط قارئین و طالب علموں تک پہنچ جانے چاہئیں۔انشائیہ کو عمدہ مضمون نگاری بھی کہا گیا ہے۔ ادب میں لب و لہجہ اور مواد و ہیئت اور شکل و صورت کو دیکھ کر صنف قرار دینا درست ہے لیکن انشائیہ کا تجزیہ کرکے اس کے اصول اور جزائے ترکیبی متعین کرنا نقادوں اور محققین کا کام ہے۔ زبان وادب میں کہیں بھی اس کے اجزائے ترکیبی کا ذکر نہیں۔مختلف ادبی مفکروں نے مختلف و متنوع آراء سے کام لیا ہے۔دانشوران ادب نے اس صنف کے تعلق سے اصول متعین کر لئے تو ادب کا قاری بھٹکنے سے بچ جائے گا۔

تبصرہ

نام کتاب: آج کی غزل 40 شعراء کی منتخب غزلیں

مرتب: جمیل نظام آبادی

تبصرہ: محمد ناظم

آج کی غزل کے عنوان سے یہ شبہ ہوتا ہے کہ اس میں جدید اور عصری غزلیں اور اس کی خصوصیات پائی جاتی ہیں۔ موضوع تنقیدی مضمون کی نوعیت کا ہے لیکن اس میں جدید اور نئے غزل گو شعراء جن کی تعداد 40 ہے کی ایک دو یا تین غزلیں شامل کی گئی ہیں۔ اس کتاب میں آندھرا پردیش کے ضلع کریم نگر، ورنگل، عادل آباد اور نظام آباد کے شعراء کی نگارشات وتخلیقات شامل ہیں۔ اس کتاب کی خاص خوبی یہ ہے کہ اس میں 40 شعراء کی سوانح حیات مختصراً بیان کی گئی ہیں اور ان کے ادبی کارنامے وشخصیت کو مختصر طور پر اجاگر کرنے کی سعی کی گئی ہے۔ کتاب میں شعراء کی فہرست و نام ندارد ہے۔ اگر ترتیب سے شعراء کی سلسلہ وار فہرست شائع ہوتی تو قاری کی من پسند شاعر کو پڑھنے میں آسانی ہوتی بہر حال آج کی غزل کا محاکمہ وتجزیہ کیا جائے تو ہمیں یہ محسوس ہوتا ہے کہ مرتب نے اپنے عہد کے معاصر شعراء کو یکجا کیا ہے۔

اس مرتبہ تصنیف میں نادر اسلوبی، محسن جلگانوی، ڈاکٹر مسعود جعفری، شاغل ادیب، اقبال شیدائی، ضیاء جبلپوری، مسعود جاوید ہاشمی، ڈاکٹر فاروق شکیل، علی الدین گوہر، اسحاق ملک، تاج احمد تاج، تنویر واحدی، محمد خواجہ بے خود، سلیم عابدی، حفیظ انجم، حلیم بابر، انور حیات، محسن عرفی، صابر کاغذنگری، جامی وجودی، شاخ انور، قدیر طاہر، سوز نجیب آبادی، افضل وارثی، تاج مضطر، محمد حامد علی خان حامد، شریف اطہر، محمد انور احمد، انور افسر عثمانی، شیخ احمد ضیاء، عالیہ گوہر، عبداللہ ندیم، فکر نلگنڈوی، مخدوم محی الدین شاکر اور جمیل نظام آبادی کی غزلیں شامل کی گئی ہیں۔ مرتب جمیل نظام آبادی حضرت مغنی صدیقی مرحوم کے شاگرد ہیں۔ جمیل کے تمام اشعار دل کو

بھاتے ہیں اور فنی بصیرت عطا کرتے ہیں اور بہتر زندگی کا شعور عطا کرتے ہیں۔

تو نے میرے ہاتھ میں پتھر تھمایا تھا مگر
میں نے اس کو کر دیا ہے آئینہ اے زندگی
کون روکے گا مجھے بڑھنے سے منزل کی طرف
میرے قدموں میں پڑا ہے راستہ اے زندگی

جس طرح سے جمیل نظام آبادی نے غزل کے انتخاب کا حق ادا کیا ہے اگر وہ آندھرا پردیش کے ہر ایک ضلع کے نمائندہ شاعر کا انتخاب کر کے آج کی غزل شائع کرتے تو کتاب کی عمومی طور پر قدر ہوتی۔ انہوں نے چند اضلاع کے شعراء کو ترجیح دی ہے۔ بہر حال آئندہ انتخاب شائع ہو تو ہر ایک ضلع سے نمائندگی ملنی چاہئے۔ بہر حال آج کی غزل کا گیٹ اپ اور سیٹ اپ بھی بہت خوب ہے۔ غزلیں بھر پور معنویت لئے ہوئے ہیں اور شعراء کے انتخاب میں حزم و احتیاط ملحوظ رکھا گیا ہے۔ گرانی کے لحاظ سے کتاب کی قیمت بھی معقول ہے۔ ادب کے فروغ میں اضافہ کا موجب بنے گی۔

ملنے کا پتہ: ادارہ گونج۔ مالا پلی نظام آباد

قیمت: 50 روپئے

زیر اہتمام: گونج پبلیکیشنز، نظام آباد

محمد ناظم علی

صدر شعبہ اردو وگری راج گورنمنٹ ڈگری کالج

نظام آباد

## اگست ۲۰۰۷ء گونج نظام آباد کے شمارے پر ایک نظر

اردو زبان وادب کی ترویج واشاعت کے لئے ادبی ماہناموں کی خدمات سے کسی کو انکار نہیں۔ یہ زبان کی ترقی و بقاء میں ممد ومعاون ثابت ہوتے ہیں۔ زبان وادب میں ادبی رسائل کی اہمیت اس لحاظ سے بھی ہوتی ہے کہ ان میں شامل مواد جدت وندرت لئے ہوتا ہے۔ ادبی فکر وفن عمومی تناظر میں پیش کیا جاتا ہے۔ آج ادب کا قاری سکڑ رہا ہے۔ اردو پڑھنے والوں کی کمیابی کی وجہ سے کئی رسائل مسدود وموقوف ہوگئے ہیں۔ لیکن جناب جمیل نظام آبادی کی ادارت میں گونج لگ بھگ ۳۶ سال سے نکل رہا ہے۔ اردو کے ایسے صبر آزما ماحول میں پابندی سے ادبی رسالہ نکالنا ادبی جہاد سے کم نہیں۔ وہ زبان وادب کی خاموش خدمت انجام دے رہے ہیں۔ نہ ستائش کی تمنا نہ صلے کی پرواہ۔ وہ ایک اچھے شاعر ہوتے ہوئے بھی نام ونمود اور پروپگنڈے سے دور رہتے ہیں۔ وہ اپنے رسالہ میں نہ صرف سنجیدہ ادب کو بلکہ مزاحیہ وطنزیہ ادب کو بھی جگہ دیتے ہیں۔ اس رسالے کے قلمی معاونین میں ملک و بیرون ملک کے نامور ادیب و شاعر ہیں۔ آندھراپردیش کے اضلاع میں شاید یہ واحد رسالہ ہے جو ادبی معیار وکیفیت کو ملحوظ رکھتے ہوئے نظام آباد سے شائع کیا جاتا ہے۔ زیر نظر وزیر مطالعہ گونج اگست ۲۰۰۷ء کا شمارہ اپنے دامن میں گوناگوں ہمہ نوعیت کی ادبی صفات لئے ہوئے ہے۔ اس کا اداریہ تو چونکا دینے والا اور سبق آموز ہے، جس میں محبوب نگر کے ایک گاؤں کے واقعہ کو لے کر مسلم دیہاتی معاشرے کی کئی ایک کمزوریوں وخرابیوں کو اجاگر کیا گیا ہے۔ یقیناً دورِ جاہلیت کی یاد تازہ ہوتی ہے۔ لڑکیوں کی پیدائش پر انہیں زندہ دفن کرنا، زنا، چوری وغیرہ دور جاہلیت کی یادگار ہیں اور مہذب سماج پر ایک طمانچہ وتازیانہ ہے کہ آج کی ترقی آفتہ دنیا میں بھی لڑکی سے بیزار ہوکر اسے

زندہ دفن کرنا ملت اسلامیہ کیلئے ایک سوالیہ نشان بن گیا ہے۔ دیہاتی سماج ہو کہ شہری سماج دین سے واقفیت ضروری ہے۔ ویسے گاؤں میں لوگ آج بھی دین سے بہت دور نظر آتے ہیں۔ اداریہ عصری تناظر میں اسلامی مفکرین ودانشوروں کیلئے پیغام دیتا ہے کہ وہ گاؤں میں دین کے کام کو عام کریں اور مسلمانوں میں صحیح اسلامی روح پیدا کریں۔ مذہبیات کا حصہ بصیرت افروز ہے۔ سوز نجیب آبادی کی نظم ''شیر بکری کی کہانی'' عالمی پس منظر میں بہت خوب ہے۔ جس میں انہوں نے امریکہ کا ظلم وستم عراق پر اور سوپر پاور کی نیت کو رقم کیا ہے کہ امریکہ کسی نہ کسی بہانے اسلامی ملکوں کو تباہ وتاراج کرر ہا ہے اور امریکہ کے رعب کے سامنے میں دنیا کا کوئی ملک اس کی مخالفت کرنا پسند نہیں کرتا۔ واحد شخصیت صدام کی تھی جس نے سوپر پاور سے ٹکر لی اور شہید ہوا۔ قاضی مشتاق احمد نے بات ایک رات کی میں شہروں کی تہذیب وتمدن کو پیش کیا ہے۔ شہروں میں پارٹیاں اور کلب میں کیا کیا ہوتا ہے۔ ان پارٹیوں اور کلبوں کے کلچر سے نئی نسل بے راہ رو ہو رہی ہے۔ اب تو ہر شہر میں پارٹیوں کا رواج ہو گیا ہے اور یہ پارٹیاں نوجوانوں کے لئے مخرب الاخلاق ثابت ہو رہی ہیں۔ اس میں کہانی پن موجود ہے اور عمدہ طرز اپنایا گیا ہے۔ اب رہا رحیم انور کی منی کہانیاں جس میں عوامی، سماجی، سیاسی، معاشرتی موضوعات کو سمویا گیا ہے۔ آدمی اور انسان میں اس دور میں یہ تمیز باقی نہیں رہی کہ کون انسان ہے اور کون آدمی ایماندار اور برا آدمی سلاخوں کے پیچھے چلا گیا۔ اب یہ عالمی مسئلہ بن گیا ہے کہ کسی پر بے بنیاد الزامات لگا کر شریف انسانوں کا جینا دوبھر کرر ہے ہیں۔ ڈاکٹر حنیف کی مثال سامنے ہے۔ ایک بے قصور کو کس طرح پھنسانے کی کوشش کی گئی۔ ایکس گریشیاء میں بھوک ہو غریبی کے مسئلہ کو پیش کیا گیا ہے۔ بھوک و غریبی انسان سے سب کچھ کرواتی ہے۔ مجبوری سے خود ساختہ عمل بھی جرم بن کر رہ جاتا ہے۔ اپنے آپ کو زخمی کر کے دوسروں کو مورد الزام ٹھہرانا غیر اخلاقی عمل ہے۔ دیگر منی کہانیاں متاثر کن ہیں۔ عصری مسائل کا ادراک وشعور عطا کرتی ہیں۔ منی کہانی منٹوں میں ختم ہوتی لیکن دیرپا تاثر چھوڑتی ہے۔ ''یادیں باتیں ملاقاتیں'' میں قاضی مشتاق احمد پونہ نے طلعت محمود گلوکار کے تعلق

سے نہ صرف تلخ حقائق بلکہ ان سے منسوب کئی واقعات و معلومات فراہم کیں۔ ان کی آواز خود انفرادیت کا باعث بنتی ہے۔ البتہ پیشہ وارانہ رقابت اور ضدی پن سے صلاحیتیں اور پروان چڑھتی ہیں۔ ادب میں صحافت میں قلم میں گیت کاروں میں اور گلوکاروں میں آپسی اختلافات ہمیشہ رہے ہیں۔ نظم اور غزل کے حصے عصری وروایتی تناظر لئے ہوئے ہیں اس میں مزید نکھار کے لئے تحقیقی وتنقیدی مضامین کو جگہ ملنی چاہئے۔ میں جمیل نظام آبادی کو صمیم دل سے مبارک باد دیتا ہوں ان کا رسالہ تا ابد جاری وساری رہے۔ نامساعد حالات میں بھی بڑی آب وتاب کے ساتھ نکلے

عروجِ آدمِ خاکی سے انجم سہمے جاتے ہیں
کہ یہ ٹوٹا ہوا تارامہ کامل نہ بن جائے

خرافات قلم

مصنف: مجید عارف

مبصر: محمد ناظم علی

اردو ادب میں طنز ومزاح کو صنف کے طور پر آج بھی نہیں مانا جاتا۔ ماضی میں اس قسم کے ادب کو دوسرے درجے کا ادب تصور کیا جاتا تھا، لیکن فی زمانہ طنز ومزاح ایک صنف کے طور پر ابھر رہے ہیں۔ بہ ہر حال اس کو ایک فارم کہیں یا ہیئت وساخت کہیں' یہ صنف ادب سے اٹوٹ وابستگی رکھتی ہے۔ طنز ومزاح ایک صنف کے طور پر ابھر رہے ہیں۔ طنز ومزاح زندگی زمانے اور ماحول کی دین ہے۔ زمانے کی رفتار کے ساتھ اس میں جدتیں وندرتیں پیدا ہوتی رہتی ہیں۔ شاعر وفن کار طنز ومزاح کو منظوم ومنثور ہیئت میں پیش کررہے ہیں۔ منشی سجاد حسین اودھ پنچ والے سے مجتبیٰ حسین تک طنز ومزاح ترقی کرتے کرتے بام عروج پر پہونچ چکا ہے۔ کنھیالال کپور، پطرس بخاری، رشید احمد صدیقی، یوسف ناظم اور مجتبیٰ حسین اس میدان کے اہم ستون و میر کارواں تصور کیئے جاتے ہیں۔ ایسا ادب مسرت کے ساتھ بصیرت عطا کرتا ہے۔ یہ موقتی نہیں بلکہ فکر انگیز ہوتا

ہے۔قاری کے ذہن کو غور و فکر کی دعوت دیتا ہے۔

مجید عارف کی تصنیف خرافاتِ قلم اکتوبر 2002ء میں شائع ہوئی۔ کتاب کے مشمولات میں جملہ 35 مزاحیہ و طنزیہ مضامین ہیں۔ مضامین میں "زندگی" زمانہ و معاشرت کی بھرپور عکاسی ہے اور عصری حسیت کی ترجمانی بھی بدرجہ اتم موجود ہے۔

اس تصنیف کا پہلا مضمون "ہائے رے قلم"، جس میں قلم کی اہمیت و عظمت کو اجاگر کرتے ہوئے معاشرے میں قلم کے تعلق سے بے اعتدالی کو ظاہر کیا ہے۔ لوگ قلم کو عام مقامات میں ضرورت کے تحت مانگتے ہیں لیکن واپس نہیں کرتے ایسا عمل بینک پوسٹ آفس احباب کے یہاں سرزد ہوتا ہے جب قلم سے محروم ہو جاتے ہیں تو اس کی اہمیت کا اندازہ ہوتا ہے۔ آخر کار مجبور ہو کر مصنف کی بیوی قلم کی حفاظت کے لئے معاشی بصیرت سے کام لیتی ہے اس کو ڈورسے باندھ دیا جاتا ہے۔

مجید عارف کے مضامین پڑھنے کے بعد ایسا محسوس ہوتا ہیکہ وہ سماج اور معاشرے کی عبقری شخصیت ہیں۔ معاشرے کے نازک سے نازک مسائل کو مزاح و طنز کے ذریعے پیش کرنا بڑا مشکل کام ہے، لیکن مجید عارف جیسے فنکار اپنے اطراف و اکناف کی زندگی کے دلکش و دل فریب مرقعے پیش کر کے اصلاح حال پر مجبور کرتے ہیں۔ کم عمر ادیب ہونے کے باوجود ان کی زندگی کے تجربات و مشاہدات پر گہری نظر ہے وہ اپنے احساسات، جذبات و حوادث کو گہرائی کے ساتھ پیش کرتے ہیں۔

صحافت: ۲۲۱، قیمت: 50 روپیے

ملنے کے پتے: (۱) سوپر گرافکس، اعظم روڈ، نظام آباد۔ (۲) ادارہ گونج نظام آباد (۳) نیشنل بک ڈپو، نظام آباد۔ (۴) دفتر ماہنامہ "شگوفہ"، معظم جاہی مارکٹ، حیدرآباد۔ (۵) مینار پان شاپ باب مکہ جدہ۔ سعودی عرب۔

سہ ماہی رسالہ الفاظ علی گڑھ مبصر: محمد ناظم علی (نظام آباد)

پرنٹ میڈیا میں روزناموں کے علاوہ اردو میں معیاری جرائد و رسائل کا اجراء عمل میں آ رہا ہے۔ اردو کے اس کساد بازاری کے ماحول میں کوئی رسالہ شائع کرنا ہمت و حوصلہ اور ارباب ہمت کی کارروائی کا نتیجہ ہے۔ موجودہ روح فرسا حالات میں سہ ماہی رسالہ ''الفاظ کا علی گڑھ سے اجرا ہونا ادب اور اہل ادب کے لئے نعمت عظمیٰ سے کم نہیں۔ ''الفاظ'' کے مرتبین نورالحسن نقوی صاحب، قمرالہدیٰ زیدی اور اسدیار خاں نے بڑی کاوش سے مختلف ادیبوں و شعراء کی تازہ تخلیقات کو زیرنظر رسالے میں جگہ دی۔ پروفیسر نورالحسن نقوی کے مضمون ''معشوق خوش رو وخوش لباس'' (دیوانِ غالب نسخہ خواجہ) میں غالب سے متعلق خطی اور مختلف یونیورسٹیوں کے کتب خانوں میں موجود قلمی نسخوں پر تفصیلی مواد ہے۔ ''مشرقی شاعری کے امتیازات'' (انا میری شمیل مترجمہ پروفیسر قاضی افضال حسین) ادبی بصیرت عطا کرتا ہے، جس میں مشرقی شعر اور خاص طور پر غالب کی شاعری میں عجمی، ایرانی اور ہندوستانی عناصر کی نشاندہی کرتے ہوئے ان کے صرفی ونحوی تجزیہ پیش کیا گیا ہے۔ ایک اور اہم مضمون ''مرزا عبدالقادر بیدل: ساختیاتی فکر کا پیش رو'' (ضمیر علی بدایونی) ہے، جس میں بیدل کے اشعار کے حوالوں سے ساختیاتی اور پس ساختیاتی عناصر کی نشاندہی کی گئی ہے۔ حصہ نظم میں صرف دو نظمیں صرف اس بات کی نشاندہی کرتی ہیں کہ نظم گوئی کس قدر مشکل کام ہے جب کہ بارہ غزلیں شریک اشاعت ہیں۔ اس کے ساتھ ساتھ سید محمد اشرف کی کہانی ''دعا'' اور منظور ہاشمی کی غزل کا تجزیہ پیش کیا گیا ہے۔ طنز و مزاح کے تحت ایک مضمون کے علاوہ دو افسانے اور ایک تبصرہ بھی شریک اشاعت ہے۔

صفحات: 76 قیمت: 10 روپئے

ملنے کا پتہ: الفاظ ایجوکیشنل بک ہاوس، مسلم یونیورسٹی مارکٹ، علی گڑھ۔202002

تبصرہ

گونج کا پیش لفظ نمبر

اشاعت: ڈسمبر 2006

مبصر: محمد ناظم علی

اردو زبان و ادب میں ادبی رسائل کی بہت اہمیت ہوتی ہے۔ یہ جرائد اپنے دامن میں نیا وجدید اور تازہ مواد لئے ہوتے ہیں۔ ادب و زبان کو نئی سمت اور موڑ عطا کرتے ہیں اور دنیا میں ادبی رسائل نکلتے ہیں لیکن ان کی خریداری بہت کم ہے۔ اردو ماحول میں رسالے اور کتابیں خرید کر پڑھنے کا جذبہ ماند پڑ رہا ہے۔ ایسے عالم میں ضلع نظام آباد سے گونج کا نکلنا ایک ادبی جہاد سے کم نہیں اور یہ رسالہ پابندی سے نکلتا ہے۔ آندھرا پردیش کے اضلاع میں شاید ضلع نظام آباد کو یہ امتیاز حاصل ہے کہ یہاں با قاعدہ پابندی سے گونج نکلتا ہے جو زبان و ادب کی خدمت و آبیاری میں مصروف ہے۔ اس طرح کے ادبی صحافت والے کام بہ نظر استحسان سے دیکھے جائیں گے۔

جمیل نظام آبادی نہ صرف ایک اچھے شاعر بلکہ وہ آزمودہ کار صحافی بھی ہیں۔ وہ بڑی نفاست و شفافیت سے رسالے کے مواد کو جمع کر کے ترتیب دیتے ہیں۔ لگ بھگ 37,36 برسوں سے گونج ادب کے فروغ میں منہمک ہے۔ اس کی ایک خوبی یہ ہے کہ اس نے خاص نمبر بھی نکالے۔ دل نمبر، نظر نمبر، فن و شخصیت نمبر وغیرہ شائع ہو کر مقبول ہوئے۔ خاص نمبر نکالنے کے لئے بڑی تگ و دو کرنی پڑتی ہے اور بہت محنت و ریاضت کے بعد خاص نمبر منصۂ شہود پر آتے ہیں۔

زیر نظر تبصرہ رسالہ گونج (پیش لفظ نمبر) ہے، جس میں 60 ادیبوں و شاعروں کی تصانیف کے پیش لفظ کو جگہ دی گئی ہے۔ پیش لفظ کو جمع کر کے نمبر نکالنا ہی ادبی دستاویز کے مماثل و مترادف ہے۔ پیش لفظ کو جمع کر کے شائع کرنا ادب میں منفرد کارنامہ محسوس ہوتا ہے۔ شاید ماضی

میں ایسا ہوا ہو۔کسی بھی کتاب کے پیش لفظ کئی عنوان سے لکھے جاتے رہے ہیں۔کبھی پیش نامہ، مقدمہ،تقریظ۔ابتدائیہ وغیرہ۔پیش لفظ میں موضوع سے متعلق حالات و نکات کو اکٹھا کرنے میں جن مشکلات و مصائب کا سامنا کرنا پڑا اس کا بیان ہوتا ہے۔موضوع سے متعلق اہم نکات کتاب اور مصنف کے بارے میں معلومات اس کے اسلوب، انداز بیان اور فکر و علم کی گہرائی و گیرائی کو ظاہر کیا جاتا ہے۔پیش لفظ میں تنقیدی نقوش کے ساتھ تحقیقی حقائق کے اشارے مل جاتے ہیں۔حالی کا مقدمہ آج بھی ادبی سند رکھتا ہے اور شعراء و ادیبوں کے لئے مشعل راہ ہے۔ پیش لفظ سے مصنف و شاعر کا مقام و قدر و قیمت کا احساس اجاگر ہوتا ہے۔یہ گونج کا پیش لفظ نمبر بھی ان ہی صفات کا حامل ہوگا اور ادبی صحافت و ادب میں قدر کی نگاہ سے دیکھا جائے گا۔60 شعراء ادیبوں کے پیش لفظ جمع کرنا جانکاہ کام ہے۔محنت و مشقت سے کام لینا پڑا ہوگا۔انہوں نے ادب میں ایک نئی راہ نکالی۔ان 60 ادیبوں میں کوئی شاعر ہے تو کوئی نثر نگار تو کوئی افسانہ نگار ہے۔پڑھنے سے منفرد و ادبی چاشنی حاصل ہوگی۔جمیل سے التماس ہیکہ وہ اس طرح سے نئی سوچ و فکر کے ذریعہ ادب کو مالا مال کریں آئندہ کبھی تبصرہ نمبر نکالیں اور ادبی تبصروں کو اکٹھا کریں۔ایسا عمل ادب کی تقویت و فروغ کا باعث بنے گا۔

ماہنامہ اردو دنیا

(اکٹوبر 2007)

اشاعت: قومی کونسل برائے فروغ اردو زبان

مبصر: محمد ناظم علی

صدر شعبہ اردو گری راج کالج، نظام آباد

ماہنامہ ''اردو دنیا'' کئی سالوں سے اردو زبانوں و ادب کی آبیاری میں مصروف کار ہے۔ یہ رسالہ اردو دنیا میں اس لئے منفرد ہے کہ اس میں شائع ہونے والے مضامین عصری حالات و عصری حسن سے ہم آہنگ ہوتے ہیں ویسے آج کے اس عالم گیریت و آفاقیت کے زمانے میں جبکہ دنیا ایک عالمی گاؤں میں تبدیل ہورہی ہے۔ انفارمیشن ٹکنالوجی سے دنیا ترقی کی سمت گامزن ہے۔ اس کا اثر زبان و ادب پر پڑ رہا ہے۔ ''اردو دنیا'' نئی دہلی سے شائع ہوتا ہے اور باقاعدہ بروقت قارئین کے ہاتھوں میں آجاتا ہے۔ زیر نظر شمارے کی خصوصیت و خوبی یہ ہیکہ اس میں گوشہ قرۃ العین حیدر شامل ہے اور مختلف اکابرین ادب کے مضامین و تاثرات شامل کئے گئے ہیں۔ جناب شمس الرحمٰن فاروقی نے قرۃ العین حیدر کی یاد میں دریا بکنار د گرافتاد ہر ماند میں ادیبہ کی فکر و فن کے ساتھ ان کی زندگی کے حالات کو موضوع بنایا عینی آپا کے ادبی کارناموں کے ساتھ منصبی فرائض و کارکردگی کو اجاگر کیا ہے۔ وہ عظیم ترین افسانہ و ناول نگار تھیں اردو ادب کو عالمی ادب سے روشناس کروایا۔ ان کے وقیع کارنامے کو پیش نظر رکھ کر ان کی زندگی ہی میں ادب کا نوبل پرائز دیا جاسکتا تھا لیکن پتہ نہیں کیوں ان کے کارناموں کا عالمی سطح پر اعتراف نہ ہوسکا وہ اس ایوارڈ کی مستحق تھیں۔ آگ کا دریا ہو یا آخر شب کے ہمسفر اور دیگر ناول و افسانے فن، زبان و بیان کی تکنیک سے لیس ہیں۔

جاوید رحمانی نے قرۃ العین حیدر، ادیبوں کے تاثرات اشاعت کے لئے ارسال کئے

ہیں، جس میں پروفیسر محمد حسن، پروفیسر شمیم حنفی، ڈاکٹر خلیق انجم، پروفیسر صدیق الرحمن قدوائی، پروفیسر قمر رئیس، پروفیسر لطف الرحمٰن سے قرۃ العین حیدر کی زندگی اور کارناموں پر اپنے تاثرات و احساسات پیش کئے اور ان کے ناول آگ کا دریا کے فن و موضوع پر تجزیاتی انداز سے روشنی ڈالی۔ نند کشور وکرم نے قرۃ العین حیدر اور آگ کا دریا میں ان کی ابتدائی زندگی سے لے کر ان کے دیگر ادبی تخلیقات کا ذکر کیا اور آگ کا دریا ناول کا فنی و موضوعاتی لحاظ سے جائزہ لیا اور ناول کے اقتباسات کے حوالے دئیے۔ اس ناول کے اسلوب کے بارے میں لکھتے ہیں۔

اس ناول کے اسلوب میں ایسی جدت و ندرت ہے جو اپنی مثال آپ ہے کئی طرح کی تکنیکوں کو بروئے کار لایا گیا ہے۔ کہیں قدیم ناٹکوں کے اسلوب کا استعمال کیا گیا ہے تو کہیں جدید تھیٹر کا اور پھر برصغیر کے وسیع تاریخی، تہذیبی، تمدنی اور معاشرتی کینوس پر پھیلے اس ضخیم ناول میں ایسی تصویریں پیش کی گئی ہیں جو قاری کے دل پر نقش ہو کر رہ جاتی ہیں۔ یہ ناول قرۃ العین حیدر کے ناولوں میں ہی اہم ترین نہیں بلکہ اردو ادب میں بھی غیر معمولی اہمیت کا حامل ہے۔ اس طرح سے ان کے کارناموں کے محاسن و خوبیوں کو اجاگر کیا گیا۔ بحیثیت صحافی ان کی خدمات کا نا قابل فراموش ہیں۔ جمیل اختر نے قرۃ العین حیدر سوانحی کوائف میں ان کا مکمل Bio-Data پیش کیا ہے۔ ریسرچ اسکالر کے لئے یہ ایک نعمت سے کم نہیں۔ اس سوانحی کوائف سے ایک ہی نظر میں ان کے کارنامے و زندگی سامنے آ جائے گی۔ ایک ادبی دستاویز سے کم نہیں اس میں ان کے افسانوی مجموعے 'ناولٹ' ناول، رپورتاژ، بچوں کی کہانیاں، کتابیں جو دوسروں نے مرتب کیں۔

قرۃ العین حیدر پر دوسروں کی کتابیں، مصوری کا شوق، موسیقی سے لگاؤ، اداروں سے وابستگی، اعزازات، انعامات، ادبی، سماجی، علمی اور شخصی زندگی کے حالات و کارناموں کو عیسوی تواریخ کے ساتھ پیش کیا ہے۔

میں اور میرا فن یہ ان کے پیش لفظ کا حصہ ہے جو ان کے افسانوی ادب ''آئینہ جہاں''

51

میں شامل ہے۔اس میں انہوں نے اپنی افسانوی و ناول کی تکنیک اور ادب میں فن کی اہمیت و موقف کو مختلف علاقوں کے ادب پر روشنی ڈالی ہے۔ ادب اور خواتین میں خواتین کے مقام و منصب اور ان کے ادبی کارناموں پر مبسوط و جامع انداز سے مضمون تحریر کیا ہے۔ اس کے علاوہ مشرق و مغرب میں عورت کی سماجی حیثیت کا تجزیہ پیش کیا ہے۔ اس کے علاوہ اس شمارے میں ان کی تخلیقات کو جگہ دی گئی ہے جس میں یہ خلد بریں ارمانوں کی''ایک شام''،آخر شب کے ہم سفر، وہی زمانہ وہی فسانہ،ایک پرانی کہانی وغیرہ کو شائع کیا گیا ہے جس سے اس کی ادبی قدر و قیمت میں اضافہ ہو گیا ہے۔ اردو دنیا نے گوشہ قرۃ العین شائع کرکے نہایت عمدہ خراج عقیدت پیش کیا اور ان کی زندگی واد بی کارناموں کی قدر و قیمت متعین کرنے کی کوشش کی ہے۔اردو خبرنامہ کے تحت ملک و بیرون ملک ہونے والی اردو کی ادبی سرگرمیوں کو پیش کیا ہے،جس سے قاری کو اندازہ ہوتا ہے کہ اردو کی محفلیں و سمینار کہاں کہاں منعقد ہوئے۔

''تبصرہ و تعارف'' کا کالم بھی بہت خوب ہے تبصرے معیاری ہیں۔ شمس الرحمٰن فاروقی کا کالم اچھی اور عصری معلومات کا خزانہ ہے اور فکر کی دعوت دیتا ہے۔ اردو دنیا کے خاص شماروں کے علاوہ عام شمارے بھی مختلف علوم و فنون کی آگاہی و بصیرت عطا کرتے ہیں۔ عالمیت کے اس دور میں اردو ماحول کے لئے ایسا ہی رسالہ چاہئے تھا۔ اردو خاندان کے ہر فرد کے لئے اس کا پڑھنا ضروری ہے تا کہ عصری ماحول سے مطابقت پیدا کر سکے اور مسابقتی دنیا میں مقام بنا سکے۔

قیمت۔10روپئے

## غزل۔ مرحلہ رد و قبول

اردو زبان و ادب میں غزل فارسی ادب سے آئی۔ اس کا آغاز دراصل عربی قصیدے کے جز تشبیب سے ہوتا ہے۔ اس طرح غزل عربی و فارسی کے میدانوں سے سفر کرتے ہوئے اردو ادب میں جگہ پائی۔ حضرت سلمان سعد و حضرات امیر خسرو نے پہلے پہل غزل لکھنی شروع کی۔ تب سے آج تک غزل بہ حیثیت صنف برقرار ہے۔ شاعری کے حوالے سے ایک دور میں شاعری میں مثنوی۔ قصیدہ۔ رباعی اور مرثیہ پر طبع آزمائی ہوتی تھی۔ شاہی دور میں صنف قصیدہ کو بہت زیادہ عروج عطا ہوا۔ 18 ویں صدی اور 19 ویں صدی کے شاہی و درباری ماحول نے داستاں، مثنوی اور قصیدہ نگاری کی حوصلہ افزائی کی۔ اس دور میں غزل پر بھی طبع آزمائی ہوتی رہی۔ دہلی اور لکھنو کے غزل گو شعراء غزل میں حسن و عشق کے موضوعات و مضامین کو پیش کرتے رہے۔ اپنے عہد کے حالات پر بہت کم توجہ دی لیکن 1857ء کے بعد سیاسی تبدیلیوں کے ساتھ ادب میں بھی تبدیلیاں رونما ہوئیں۔ ادب اور بالخصوص شاعری میں سماجی اور سیاسی و ثقافتی مسائل کو پیش کیا جاتا رہا لیکن غزل تو ازل سے ہی حسن و عشق کے موضوعات سے اپنا دامن بھرتی رہی کیونکہ غزل کا مزاج ہی محبوب کا صنف سخن ہے۔ غزل کے معنی عورتوں سے بات چیت کرنا یا حسن و عشق کی باتیں بیان کرنا غزل کہلاتا ہے۔ یہ بھی کہا جاتا ہیکہ جب جنگل میں کسی ہرن کو حملہ آور جانور دبوچ لیتا ہے تو اس کے گلے سے ایک قسم کی آواز نکلتی ہے اسے غزل کہتے ہیں۔ زمانے کے بدلتے رجحان کے تحت غزل کے معنی و مفہوم اور تعریف و توصیف میں تبدیلیاں رونما ہوئیں۔ اب غزل میں حسن و عشق کے علاوہ سماجی، سیاسی، معاشرتی، علمی، مذہبی، تصوف، ثقافتی، تمدنی، اخلاقی، روحانی مضامین کی کارفرمائی زیادہ ہوگئی ہے۔ عصری حالات و مضامین انٹرنیٹ، ٹی وی، کمپیوٹر، عصری ٹیکنالوجی، انفارمیشن ٹکنالوجی سے جو اثرات سماج پر مرتب ہو رہے ہیں، وہ مزاحیہ غزل میں سمونے لگے ہیں۔ اب غزل کا دامن من، تن، من، سانچہ ڈھانچہ زمانے کے ساتھ ساتھ ان سب کو لئے چل رہا ہے جس کی ضرورت غزل کو ہے۔ ماضی میں غزل پر بہت

سارے اعتراضات کیئے گئے۔ غزل معتوب رہی۔ مولانا الطاف حسین حالی نے غزل کے ہیئت وساخت اور موضوعات پر اعتراض کیا۔ غزل میں دو مصرعوں میں ایک وسیع وعریض موضوع کو جامع انداز سے پیش نہیں کیا جاسکتا۔ اس میں گل وبلبل کی باتیں ہوتی ہیں۔ قافیہ کا استعمال ہوتا ہے۔ موضوع کی یکسانیت ہوتی ہے۔ کوئی چیز وضاحت سے نہیں کی جاتی بلکہ اشاروں، علامتوں اور کنایوں کی جاتی ہے۔ اس عہد میں حالی کا اس طرح کا تبصرہ وتنقیدی اشارے غزل کے لئے بجا تھے کیونکہ دیگر اصناف سخن میں خوب تر طبع آزمائی ہورہی تھی۔ ایسے میں غزل اصلاحات لانے کے لئے حالی نے ''مقدمہ شعروشاعری'' 1893ء میں کئی تجاویز پیش کیں اور دیگر اصناف شاعری پر اصلاحات کے مقصد سے تنقیدی نظر ڈالی۔ حالی نے انگریزی ادب سے معلومات حاصل کر کے شعر پر تنقیدی نگاہ ڈالی وہ شعر میں جوش جذبہ سادگی اور اصلیت کو اہمیت دینا چاہتے تھے۔ وہ کہتے ہیں:

اے شعر دل فریب نہ ہو تو کچھ تو غم نہیں
پر تجھ پہ حیف ہے جو نہ ہو دل گداز تو

حالی نے محسوس کیا کہ غزل میں مکمل موضوع ومضامین کو جامعیت کے ساتھ پیش نہیں کیا جاسکتا۔ اس لئے غزل پر سب سے پہلے اعتراضات ''مقدمہ شعروشاعری'' میں ملتے ہیں۔ اس کے بعد عظمت اللہ خان نے کہا کہ غزل کی گردن بے تکلف ماردینی چاہیئے یعنی غزل ''قابل گردن زنی'' ہے۔ کلیم الدین احمد غزل کو نیم وحشی صنف قرار دیتے ہیں۔ علی سردار جعفری وجوش نے بھی ہلکے سے اعتراضات کیئے۔ ان اکابرین ادب کے بیانات واعتراضات سے صرف نظر نہیں کرنا چاہیئے بلکہ ان کے اسباب پر غور کرنا چاہیئے۔ ہم تفصیلی محاسبہ وتجزیہ کریں کہ کیوں صرف غزل ہی پر اعتراض ہوتے رہے ہیں۔ کیا اس کو معتوب قرار دینے میں کوئی نہ کوئی مقصد پنہاں و پوشیدہ تھا لیکن غزل کی تعریف وتوصیف اور اس صنف کو معتبر قرار دینے والوں میں رشید احمد صدیقی ہیں جنہوں نے غزل کو اردو شاعری کی آبرو کہا ہے۔ فراق نے غزل کو اردو شاعری کا اہم

عنصر کہا ہے۔فراق کہتے ہیں کہ غزل کی شاعری کل شناس اور ہمہ داں ہوتی ہے۔اس لئے غزل کے ذریعہ کائنات کی ہم آہنگی کو محسوس کیا جاسکتا ہے۔آج غزل کا موضوع انسان اور انسانیت ہے۔غزل میں ہم آپ ہوتے ہیں کائنات کے مجموعی تاثرات ہوتے ہیں اور ہمارے وہ مرکزی جذبات جن کی حیثیت عالمگیر ہے۔ڈاکٹر یوسف حسین کہتے ہیں غزل گوئی دروں بینی اور رمزیت کی معراج ہے۔غزل گوشاعر کی دوربینی میر کے یہاں اوراس کی رمزیت غالب کے یہاں اپنے شباب پر ہے۔ پروفیسر آل احمد سرور کے مطابق غزل اپنی ساری ناکامیوں کے باوجود اپنی شاندار میراث اور مفید تجربات کی وجہ سے ہماری ذہنی وادبی کاوشوں کی بڑی سچی اور بے لاگ مصوری کرتی ہے۔اس طرح سے غزل کی تائید اور مدافعت میں مشاہیر کے نظریات وخیالات مل جاتے ہیں۔ ایسے میں ان مدافعت ومخالف آراء کا تقابلی مطالعہ کرنا ضروری ہے۔آخر کیا بات ہے کہ غزل عصری دور میں ادب میں زندہ ہے۔حالانکہ غزل میں معنی ومفہوم کی دنیا پرفریب ہوتی ہے۔اس میں حقیقی وسچے معنی ومفہوم کی نشاندہی کرنا مشکل ومحال ہوتا ہے۔غزل کا شاعر تخلیق کرتے وقت ذہن میں کونسا موضوع لئے ہے کلیتاً نہیں کہا جاسکتا۔حقیقی موضوع کی تلاش و شناخت میں Text بھی مدد کرنے سے قاصر ہوتا ہے۔ ہیئت اور لفظیات داخلی وخارجی تقاضے و حالات بھی حقیقی موضوع کا اظہار نہیں کر سکتے لیکن غزل کے اشعار کے حقیقی اور مجازی معنی لفظوں کے کئی معنی اخذ کرتے ہیں۔غزل میں معنی کے امکانات بہت وسیع ہیں اور وسیع تر بنتے جارہے ہیں۔معنی کی دنیا وسیع وعریض ہوتی ہے اس میں مضمون آفرینی ہوتی ہے۔ داخلی وخارجی خصوصیات وحسن کی وجہ سے دلکش دلفریب معلوم ہوتی ہے لیکن دراصل غزل کی دنیا پرفریب ہوتی ہے جو قاری کو لفظیات کے ذریعہ ''بھول بھلیاں'' کے کوچہ میں لے جاتی ہے۔ بہرصورت غزل مقہور ومعتوب ہونے کے باوجود اپنے داخلی وخارجی حسن ودلکشی کی وجہ سے ادب میں زندہ و تابندہ اور درخشاں ہے۔مضمون آفرینی معنی آفرینی اور وسیع معنوں کے امکانات کی وجہ سے اس کی بقاء ہورہی ہے۔غزل کا فن اپنی جگہ ہے لیکن معنی کی ترسیل میں مبالغہ قدم قدم پر دھوکہ دیتا

رہتا ہے۔ مبالغہ سے مقصدیت مجروح ہو جاتی ہے۔ تحریر کا مقصد فوت ہو جاتا ہے۔ غزل کے کئی ایسے اشعار ہیں جس کے معنی کی حقیقت ابھی تک واضح نہیں ہو سکی۔

اٹھ کر تو آ گئے ہیں تیری بزم سے مگر
کچھ دل ہی جانتا ہے کہ کس دل سے آئے ہیں

وہ بات سارے فسانے میں جس کا ذکر نہ تھا
وہ بات ان کو بہت ناگوار گذری ہے

تم آئے ہو نہ شب انتظار گزری ہے
تلاش میں ہے سحر بار بار گزری ہے

غزل کی دنیا کے اور بہت سے اشعار ہیں جن کا حقیقی مفہوم تلاش کرنا مشکل ہے۔ اردو میں تنقید کے کئی دبستان ہیں۔ عصری دور میں جدید تنقید، قاری اساس تنقید، جدیدیت، مابعد جدیدیت وغیرہ لیکن کوئی ایسا تنقیدی پیمانہ نہیں جس کے ذریعہ سے ہم شعر کے حقیقی واصل مفہوم و موضوع تک پہنچ سکیں۔ ایک امر ہے جس کی بناء پر اگر میں یہ کہوں تو بے جا نہ ہوگا کہ غزل کی دنیا پر فریب دنیا ہے، جس میں قاری قدم قدم پر دھوکا کھاتا ہے۔ غزل میں اشارے، کنائے، استعارے، علامتوں کے ذریعہ معنی کے امکانات وسیع تر ہو جاتے ہیں۔ لیکن قاری حقیقی موضوع سے دور چلا جاتا ہے لیکن ان تمام مباحث کے باوجود غزل کا طلسمی جادو اب بھی باقی و برقرار ہے وہ آج بھی ادب میں اپنے گوناگوں خصوصیات حسن اور چاشنی کی وجہ سے پوری آب و تاب سے جلوہ گر ہے۔

## سر سید احمد خان، ادبی دانشور اور ملت کے نبّاض

دنیا کی ہر زبان و ادب میں بڑے بڑے دانشور اور تخلیق کار پیدا ہوئے اور ان میں سے ہر ایک خاص مکتب فکر و خاص ادبی و تخلیقی صلاحیت کا حامل تھا۔ چاسر انگریزی شاعری کا بانی تھا۔

Richyaard sin نے 1737 میں Pamela نامی پہلا ناول لکھا۔ شکسپیئر، جان ملٹن اور کئی شعراء و ادیبوں نے انگریزی زبان و ادب میں انفرادیت حاصل کی۔ سری سری نینا اور سی نارائن ریڈی نے تلگو زبان و ادب میں غزل کو متعارف کروایا۔ ہندوستان کا 19 ویں صدی کا ادب چاہے کسی زبان کا ہو اصلاحی پہلو لئے ہوئے ہے یعنی ادبی فنکاری کے ساتھ سماجی اصلاحات ان کے پیش نظر تھے۔

اردو زبان و ادب میں 1857ء نہ صرف تاریخ میں بلکہ زبان و ادب میں ایک خاص موڑ رکھتا ہے۔ اس سنہ میں غدر ہوا، ملک کے سیاسی حالات بدلے، سماجی سطح پر اصلاحی تحریکیں شروع ہوئیں، ہندو سماج کی اصلاح کے لئے راجا رام موہن رائے نے برہمو سماج قائم کیا۔ سوامی دیانند سرسوتی نے آریہ سماج قائم کیا۔ ان مصلحین قوم نے ہندو سماج میں پھیلے ہوئے معاشرتی و سماجی مسائل پر توجہ دی۔ چنانچہ سرسید احمد نے مسلم سماج پر نظر ڈالی اور غدر کے بعد مسلمانوں کی حالت کا جائزہ لیتے ہوئے اصلاح کا بیڑا اٹھایا۔ انہوں نے محسوس کیا کہ مسلم طبقہ کے امراض کا علاج تعلیم میں مضمر ہے۔ انہوں نے علی گڑھ مسلم یونیورسٹی قائم کی، قوم کو تعلیم سے بہرہ ور کرنے کیلئے یہ ادارہ قائم کیا، اس کے قائم کرنے میں انہوں نے جو مصیبتیں و اذیتیں اٹھائیں یہ ان کا حصہ ہے۔ تعلیمی ادارہ کے قیام کیلئے چندہ اکٹھا کیا تو لوگوں نے لہولہان کیا تکلیفیں پہنچائیں، معاشرتی و مسلم سماج کے مسائل کو دور کرنا چاہا تو مخالفت شروع کی۔ انگریزی تعلیم کی ترغیب دی تو فتوے جاری ہوئے۔ اسلام کسی بھی زبان کے سیکھنے پر پابندی عائد نہیں کرتا تو پھر کیوں اس دور کے کٹر علماء نے سرسید پر کفر کا فتویٰ صادر کیا۔ سرسید احمد نے اتنا کہا تھا کہ اگر مغربی تہذیب کی قدریں اسلام پر پوری اترتی ہیں تو اپنائیں ورنہ اس سے پرہیز کریں۔ بعد میں ادب کے دانشوروں کو احساس ہوا کہ سرسید کا نظریہ ٹھیک تھا۔ شبلی، حالی، حسرت سب ہی معترف ہوئے۔ سرسید ماہر تعلیم تھے اور مسلم طبقہ کی نبض پر ہاتھ رکھنا چاہتے تھے، وہ مسائل کا مداوا کرنا چاہتے تھے۔ ان کے ادبی کارناموں کا لب لباب اصلاح تھا، اسباب بغاوت ہند ہو یا آثار

الصنادید، خطابات احمدیہ، مضامین سرسید، ایشیاٹیکٹ سوسائٹی، آئین اکبری یا تزک جہانگیری، یہ کارنامے نہ صرف زبان وادب بلکہ قوم وملک کو فیض پہنچانے والے تھے، فلاح وبہبود کے ضامن تھے۔ صحافت کو بھی قوم کی اصلاح وذہنی تعمیر کے لئے آشکار بنایا اور تہذیب الاخلاق جریدہ جاری کیا۔ اس کا بھی اصلاحی رول تھا، جیسا کہ نام سے ظاہر ہے اخلاق کی اصلاح کی جائے۔ سرسید احمد خان نے زبان وادب میں تبدیلیاں پیدا کیں۔ انہوں نے ادب کو حقیقت سے آشنا کیا، ادب میں حقیقت کا اظہار ہونے دیا۔ نظم ونثر، سادگی، سلاست روانی اور فطرت وقدرت سے ہم آہنگ ہوئی ہے۔ زبان وادب میں مصنوعی پن کم ہوگیا۔ تصنع ومبالغہ کی کمی ہوئی، سماجی ومعاشرتی مسائل کی ترجمانی ہونے لگی۔ سرسید کی علی گڑھ تحریک مقصدی تحریک تھی۔ اس تحریک کے اثرات آج بھی ادب پر مرتسم ہورہے ہیں اور اسی تحریک کے اثر سے ترقی پسند تحریک وجود میں آئی، اسی تحریک سے ادب برائے زندگی کا تصور سامنے آیا۔ سرسید کے رفقاء کار شبلی، حالی، نذیر احمد، مہدی افادی وغیرہ کی تحریروں کا مغزو ماحصل ادب برائے سماج تھا اور ان کے رفقاء کے ادبی وشاعری کارنامے رہتی دنیا تک یاد رکھے جائیں گے۔ ڈپٹی نذیر احمد کے ناول شبلی کی تنقید، حالی کی مدوجزر اسلام (مسدس حالی) وغیرہ کے اثرات آج بھی ادب پر صحت مند انداز سے مرتسم ہورہے ہیں حالانکہ ادب میں رجحانات جدیدیت کے ہوں، مابعد جدیدیت کے ہوں یا قاری اساس تنقید ہو یہ تمام تحریکات ورجحانات علی گڑھ کے بنیادی اثرات کا کام کرتے ہیں۔

سرسید احمد خاں کو صرف علی گڑھ تحریک کے بانی اور ادیب وصحافی کہہ کر ان کے دیگر کارناموں کو فراموش کرنا دانشمندی نہیں اور اخلاق کے مغائر بات ہوگی۔ سرسید احمد خاں ملک کے ایک سماجی وسیاسی لیڈر کے طور پر ابھرے، ان کا شمار قومی قائدین میں ہوتا۔ بدرالدین طیب جی، دادا بھائی نوروجی کا مقام تو ہے، لیکن سرسید بھی اپنے آئینی وسیاسی کارناموں کے عوض ملک کی جمہوریت ودستور کے اولین معمار کہلاتے ہیں۔ انڈین نیشنل کانگریس کو اے او ہیوم نے 1885ء میں قائم کیا اور 1885ء کے بعد انڈین نیشنل کانگریس سے وابستہ قائدین نے

جمہوری و آئینی تصورات پیش کرنا شروع کردیئے جبکہ سرسید احمد خاں نے اسباب بغاوت ہند تحریر کیا اور آئین اکبری کی تقریظ لکھی تب سے جمہوری و آئینی رجحانات پیش ہونا شرع ہوگئے۔ انہوں نے حکومت و مملکت کے لئے چند ایسے جمہوری و آئینی نکات تخلیق کئے جن سے ایک جمہوری و فلاحی حکومت کا تصور ہاتھ آجائے۔ ادبی دانشوروں و نقادوں نے ان کے ادبی کارناموں کو اتنا نمایاں کیا کہ ان کے جمہوری و آئینی کارنامے گوشہ گمنامی میں چلے گئے۔ اسباب بغاوت ہند اور آئین اکبری کا مطالعہ کریں تو ہمیں یہ محسوس ہوتا ہے کہ سرسید احمد ہندوستانی جمہوریت و دستور کے اولین معمار کہلاتے ہیں۔ ان کے کارناموں پر ہندوستان کی سیاسی جمہوری و آئینی تاریخ کا ایک باب ہندوستان کی سیاسی تاریخ میں سنہری حرفوں سے لکھا جائے گا۔

تبصرہ: اردو دنیا جنوری 2008ء، محمد ناظم علی، صدر شعبہ اردو گری راج کالج، نظام آباد، آندھرا پردیش

جنوری 2008ء کا ''اردو دنیا'' بروقت موصول ہوا۔ یہ رسالہ نہ صرف اردو ادب کی ترویج و اشاعت میں منہمک ہے بلکہ عصری دنیا کی مکمل تصویر کی عکاسی کر رہا ہے۔ یہ اردو کے عصری ماحول کا نقیب رسالہ ہے۔ آفاقیت و عالم گیریت کے اس دور میں ایسے ہی رسالے کی ضرورت تھی۔ نالج سٹی و نالج سوسائٹی کے اس عہد میں یہ رسالہ ان تقاضوں کو پورا کر رہا ہے، جس سے اردو ماحول استفادہ کرتے ہوئے نالج سٹی و نالج سوسائٹی کا ممبر بن سکے۔ الکٹرانک کلچر سے لکھنا پڑھنا کم ہو گیا ہے۔ ہر کوئی بصری کلچر کا شیدائی ہو گیا ہے اور کتب بینی متاثر ہو گئی ہے۔ ایک زمانہ تھا کہ لوگ اپنی جیبوں میں پاکٹ سائز کے ناول یا رسالے رکھا کرتے تھے اور فرصت کے وقت نکال کر مطالعہ کرتے تھے۔ کہاں گیا وہ کتب بینی کا کلچر، کس کی نذر ہو گئی وہ عادتیں، طلبہ کے طبقے میں بھی مطالعہ کا معمولی شوق و ذوق ماند پڑ گیا۔ وہ صرف امتحانی نقطہ نظر سے نصابی کتابوں کا مطالعہ کرتے ہیں۔ اگر ملک میں لکھنے پڑھنے اور مطالعے کے کلچر کا فقدان ہو جائے تو ملک فکری و تخلیقی بحران کا شکار ہو جائے گا۔ مدیرانہ تحریریں ملک کو ترقی عطا کرتی ہیں۔ جب مطالعے کی عادت نہ ہو گی تو تحریریں کیسے وجود میں آئیں گی۔ آپ کی بات میں جو تبصرے و مراسلے شائع ہوتے ہیں وہ فکر انگیز اور ادبی بصیرت کے حامل ہوتے ہیں ان میں بعض نئے نئے نکتے اور پہلو زبان و ادب کے نکل آتے ہیں۔ ہماری بات میں مدیر صاحب نے مشاعرے کے تعلق سے سیر حاصل گفتگو کی ہے۔ یقیناً آج کل معیاری مشاعرے کا فقدان ہے فوری اپیل کی شاعری سب کو بھاتی ہے جو بعد میں دیر پا اثر نہیں چھوڑتی۔ عصری دور کے مشاعروں میں فنی شاعری کم اور ترنم زیادہ ہو گیا ہے۔ اداریے میں یہ بات سچ اور صداقت پر مبنی ہے کہ مشاعرے کی صدارت پر وہ لوگ نظر آتے ہیں جو سیاسی منصب پر فائز ہوں، دولت مند یا ملک التجار ہوں۔ کسی علمی و ادبی شخصیت کو بہت کم صدارت سونپی جاتی ہے۔ مشاعرے زبان و ادب کی وسعت اور عوام تک

زبان پہنچانے کا ذریعہ ہیں۔ ڈی پورنندیشوری نے "اردو شاعری پر میر کے اثرات" کے ابتداء میں اردو زبان کی سرکاری حیثیت اور چلن پر فکر انگیز باتیں کی ہیں اور میر کی شاعری کو ہمارا قومی اثاثہ اور میراث سے تعبیر کیا ہے۔ جناب شمس الرحمٰن فاروقی کا کالم "اچھی اردو: روزمرہ محاورہ صرف" پڑھنے سے تعلق رکھتا ہے۔ اکابرین ومشاہیر ادب بڑی دلچسپی سے یہ کالم پڑھتے ہیں اور اپنے ادبی ولسانی شکوک وشبہات دور کرتے ہیں۔ رفعت سروش نے "ڈاکٹر عبدالعلیم کی یاد میں" ان سے وابستہ واقعات، حالات، سیرت اور شخصیت کو اجاگر کیا ہے۔ جو اسلامیات کے ماہر، ترقی پسند دانشور اور ادیب تھے۔ کملیشور صاحب نے ہندی اور اردو کی مشترکہ وراثت میں دونوں زبانوں کا لسانیاتی و تاریخی اعتبار سے جائزہ لیا ہے لیکن موصوف نے یہ جملہ لکھ دیا ہے کہ اورنگ زیب کی بدنام زمانہ اسلام پرستی اور ثقافتی غیر فراخدلی بھی اس ثقافتی اشتراک کے عمل کو متاثر نہیں کرسکی۔ جو شخص مندروں اور پجاریوں کی مالی امانت کرتا تھا تو وہ کیسے ثقافتی غیر فراخ دل ہو گیا۔ صغیر اشرف نے "جدید افریقی شاعری" میں افریقن شاعری و شاعر کے تعلق سے مضمون رقم کیا ہے جو انفرادیت کا حامل ہے۔ مہذب لوگ حبشیوں کو قابل اعتنا و قابل ذکر نہیں سمجھتے لیکن وہ لوگ بھی احساس و فکر کو شعری پیکر میں ڈھالتے ہیں۔ سید حامد نے گواسکر کے بیان کو مثالی بتلایا ہے اور معاشرے میں سچ اور تلخ حقائق کو اپنانے کی تلقین کی ہے۔ وقار صدیقی نے "موگھیا قبائلی رسم و رواج" مضمون میں قبائل کے رسم و رواج بیان کئے ہیں۔ جنوب میں بھی چنچو، گونڈ اور بھیل قبائل رہتے ہیں اور یہ لوگ ہمیشہ فطری ماحول کو ترجیح دیتے ہیں۔ جنگل سے شہر میں نہیں آنا چاہتے، ان کی باتیں عجیب وغریب ہوتی ہیں وہ وہم اور Tabooism کا شکار رہتے ہیں۔ اس شمارے کے کالم صحت، سائنس اور ماحولیات کے تحت محمد خلیل کا "آلودگی اور درپیش مسائل" بہت عمدہ تخلیق ہے جو عصری دنیا کا سلگتا موضوع و مسئلہ ہے۔ انہوں نے زمینی آلودگی، آبی آلودگی، فضائی آلودگی اور صوتی آلودگی پر فکر انگیز روشنی ڈالی ہے۔ اگر مذکورہ آلودگی کم نہ ہو تو انسانیت کی بقاء مشکل ہو جائے گی۔ اقبال محی الدین نے "سائنس کی ترقی اور مائیکروچپس" میں دنیا میں خاص

کر ہند میں ہونے والی سائنسی ترقی کا احاطہ کیا ہے۔ انہوں نے سبز انقلاب، سفید انقلاب، نیلا انقلاب اور کئی ترقیاتی اقدامات کو تفصیل سے بیان کیا ہے۔ سلیم اختر سے بات چیت پسند آئی۔ انہوں نے نفسیات اور ادب کے رشتے اور اردو میں تنقید کی سمت اور رفتار کو بیان کیا۔

محمد ناظم علی

## یہ غازی یہ تیرے پراسرار بندے
### قرۃ العین حیدر کے افسانے کا تجزیاتی مطالعہ

قرۃ العین حیدر 1920ء میں علی گڑھ میں پیدا ہوئیں۔ انگریزی سے ایم اے کیا۔ انہیں کئی زبانوں پر عبور حاصل تھا۔ انگریزی اخباروں میں لکھتی رہیں۔ رسالے پھول۔ ساقی۔ ادب لطف اور سو پرا سے وابستہ تھیں۔ اگست 2007 میں انتقال ہوا۔ انہیں ادب کا اعلیٰ ایوارڈ گیان پیٹھ ایوارڈ عطا کیا گیا۔ قرۃ العین حیدر تاریخی واقعات کو یوں بیان کرتی ہیں کہ آنکھوں کے سامنے متحرک ہوکر نظر کے سامنے چلے آتے ہیں۔ تاریخی حالات کو عصری تناظر میں پیش کرتی ہیں۔ ان کے ناول ''آگ کا دریا'' میں گوتم بدھ کے زمانے کی تہذیب سے لے کر تقسیم ہند تک کے تاریخی وتہذیبی موضوعات وحالات کو پر اثر دلکش انداز سے پیش کیا۔ انہوں نے کئی ناول وافسانے تخلیق کئے ہیں۔ ان کے افسانوں وناولوں کے نام فیض احمد فیض اور علامہ اقبال کے اشعار کے فقروں اور تراکیب پر مبنی ہوتے ہیں۔ وہ اقبال اور فیض سے بے حد متاثر تھیں۔

زیر نظر افسانہ اقبال کے ایک مصرعہ یعنی ''یہ غازی یہ تیرے پراسرار بندے'' پر تخلیق کیا ہے۔ ان کا یہ افسانہ فنی لحاظ سے منفرد ہے اور انسانی سوچ کے ارتعاشات کو بھی اپنی گرفت میں رکھتا ہے۔ افسانے کا آغاز۔ ٹرین مغربی جرمن کی سرحد میں داخل ہو چکی تھی۔ ٹرین میں ہی سب واقعات رونما ہوتے ہیں۔ افسانے کی تمہید اور درمیانی حصہ میں ٹرین سے منسوب واقعات بیان کئے جاتے ہیں کہ ایک ڈبے میں پانچ مسافر چپ چاپ بیٹھے تھے۔

(1) ایک بوڑھا جو کھڑکی سے سر ٹکائے باہر دیکھ رہا تھا۔

(2) ایک فربہ عورت جو شاید اس کی بیٹی تھی اور اس کی طرف سے بہت فکر مند نظر آتی تھی۔ غالباً وہ بیمار تھا۔

(3) سیٹ کے دوسرے سرے پر ایک خوش شکل طویل القامت شخص چالیس سال کے لگ بھگ عمر، پرسکون چہرہ ایک فرنچ کتاب کے مطالعے میں منہمک تھا۔

(4) مقابل کی کرسی پر ایک نوجوان لڑکی جو وضع قطع سے امریکن معلوم ہوتی تھی ایک باتصویر رسالے کی ورق گردانی کر رہی تھی اور کبھی کبھی نظریں اٹھا کر سامنے والے پرکشش شخص کو دیکھ رہی تھی۔

(5) پانچویں مسافر کا چہرہ اخبار سے چھپا ہوا تھا۔ اخبار کسی اور اجنبی زبان میں تھا شاید نارویجین یا ہنگرین ہوسکتا ہے۔

ان مذکورہ بالا کرداروں کے علاوہ دیگر ضمنی کردار بھی تخلیق کئے گئے ہیں۔

یہ افسانہ بنیادی طور پر آزادی۔ انقلاب اور جدوجہد کی ان تحریکوں کے پس منظر میں لکھا گیا ہے جو گذشتہ دو تین دہائیوں یعنی 30 سالوں میں بسا اوقات دہشت گردی کی حدود میں داخل ہوچکی ہے۔ آج بھی سوپر پاور کئی ممالک کو غلام بنا کر رکھنا چاہتا ہے۔ دہشت گردی سیاسی اصطلاح بن چکی ہے، لیکن یہاں دہشت گردی حق تلفی و ناانصافی کے انسداد و تدارک کے لئے کی گئی مثبت پہلوؤں کا احاطہ کرتی ہے۔ دہشت گردی عالمی سیاسی و سماجی مسئلہ بن چکی ہے۔ دہشت گری ہمہ جہت ترقی میں رکاوٹ بن جاتی ہے۔ لیکن اس افسانے میں دہشت گردی کو اس سیاسی زاویہ نظر سے نہیں دیکھا گیا ہے جس نے حق و باطل کے فرق کو مٹا دیا ہے اور جس زاویہ نظر کے باعث اس اصطلاح کو ایک منفی اصطلاح کی حیثیت حاصل ہوگئی ہے جیسا کہ عنوان سے ظاہر ہے افسانہ نگار نے جنگ جوئی کے مثبت پہلو کو سامنے رکھا ہے اور اس افسانے کے مرکزی کردار کو دہشت گرد نہیں بلکہ حق تلفی کے خلاف اور انصاف حاصل کرنیکی خاطر اختیار کی جانے والی جنگ جوئی میں مبتلاء دکھایا ہے اور اس جنگ جوئی کو ایک حصہ میں لڑائی کے انداز سے پیش کیا ہے۔ یہ مرکزی کردار جس نے اپنی ٹرین کی ہم سفر خاتون دوست کے سامنے خود کو ایک ایرانی دانش گاہ کا استاد بتایا ہے۔ مشرق وسطیٰ کی جنگ نے عالمی سطح پر اپنے ملکی حکمران کے مفادات کے خلاف جنگ چھیڑ رکھی ہے۔ وہ افسانے کی ہیروئن تمارا کا دوست محبوب اور رفیق سفر ضرور ہے مگر اپنے رویے اپنی باتوں اور اپنے وعدوں سے اپنے غیر یقینی مستقبل کا برابر احساس بھی دلاتا ہے۔

دونوں کے مابین نسلی خلیج بھی ہے اور تہذیبی بعد بھی اور یہ نسلی اور تہذیبی تفریق بار باران کا راستہ روکتی ہے مگر تمارا کی طوفانی وارفتگی سارے بندھنوں پر حاوی نظر آتی ہے۔ پھر ایک صبح اسے اخبار سے اطلاع ملتی ہے کہ ایک طیارے پر دستی بموں سے حملہ کرتے ہوئے تمارا کو چاہنے والا دکتور نصرت شریفیان مارا گیا۔ وہ پروفیسر تاریخ دانش گاہ تبریز نہیں تھا۔ وہ ایرانی بھی نہیں تھا لیکن اخبار میں جواس کا نام چھپا تھا وہ بھی غالباً اس کا اصل نام نہیں تھا۔ ان اطلاعات کے ساتھ تمارا کی آنکھوں پر پڑا ہوا پردہ اچانک ہٹ جاتا ہے اور اس کا ذہن چند روزہ تعلقات کی تصویریں اور مکالمے دہرانے لگتا ہے۔ اس کیفیت کو پیش کرنے میں قرۃ العین حیدر نے ماضی کی بازیافت کے لئے داخلی خود کلامی کے طریقہ کار کو جس فنکاری کے ساتھ برتا ہے وہ اپنی مثال آپ ہے۔ ماضی اور مستقبل کے تضادات بالکل واضح ہیں اس اقتباس پر غور کریں۔

ونڈرفل۔ میں تمہاری زندگی ہوں جان من چلو وقت بہت کم ہے وقت ضائع نہ کرو مجھے عربی نہیں آتی۔ ایسے وعدے سے کبھی نہیں کرتا جو نبھا نہ سکوں تم میری بنت عم ہو تو سہی آل اسحٰق آل اسماعیل میں بنی آدم کے شجرے کے اس گھپلے پر مزید روشنی ڈال سکتا ہوں دیکھو نصرت خطرے میں نہ پڑنا۔ ہر طرف دنیا میں خطرہ ہے اپنا خیال رکھو۔

اس اقتباس سے یہ اندازہ ہوا کہ آدم کا شجرہ ایک ہے نئی نسل اسی آدم کی اولاد ہے نسل انسانی فرقوں، طبقہ ملت ذات میں بٹ گئی ہے۔

## ساحر لدھیانوی کی نظم

## ''اے شریف انسانو'' ......کی عصری معنویت

ساحر لدھیانوی (اصلی نام عبدالحی) 1921ء میں لدھیانہ میں پیدا ہوئے۔ کم عمری سے شاعری شروع کی۔ دو شعری مجموعے شائع ہوئے، ''تلخیاں'' اور ''پرچھائیاں''۔ ساحر نے اپنی شاعری میں زندگی اور زمانے کی باتیں بیان کی ہیں۔ سیاسی، سماجی اور معاشرتی حالات و مسائل کو اپنی شاعری کا موضوع بنایا۔ زیر مطالعہ نظم ''اے شریف انسانو'' بہت مقبول ہوئی اور یہ نظم ہندوستان اور پاکستان کی جنگ کے پس منظر میں لکھی گئی۔ 1964ء میں ہندو پاک کے درمیان جنگ ہوئی اور آئندہ جنگ نہ کرنے کے معاہدے ہوئے۔ چنانچہ یحییٰ خاں اور لال بہادر شاستری کے درمیان تاشقند معاہدہ ہوا۔ جنگ سے ادیب متاثر ہوتا ہے۔ Leo Tolstay نے War and Peace ناول لکھا۔ پروفیسر مجیب نے 1857ء کی جنگ آزادی پر ''آزمائش'' ڈرامہ لکھا۔ اس طرح کئی ادباء شعراء نے جنگ سے ہونے والی تباہی و بربادی کو مؤثر انداز سے پیش کیا۔ جنگ علاقوں کو ملکوں کو اپنے قلمرو میں شامل کرنے کے لئے ہوتی ہے۔ ہندوستان کی تاریخ جنگوں سے پُر ہے۔ اشوک اعظم کے دور میں کلنگ کی لڑائی۔ بابر اور ہیمو کے درمیان پہلی جنگ پانی پت، ترائن کی لڑائی۔ پہلی عالمی جنگ دوسری عالمی جنگ وغیرہ۔ جنگ اور امن سہ حرفی لیکن دونوں میں تضاد ہے۔ جن سے خون خرابہ ہوتا ہے۔ انسانیت کی بقاء مشکل ہوجاتی ہے۔ ملکوں وقوموں کی ترقی متاثر ہوتی ہے۔ جنگ کا نام سنتے ہی اوسان خطا ہوجاتے ہیں۔ ذہن ماوف ہوجاتا ہے۔ ملک وقوم میں بحرانی کیفیت پیدا ہوتی ہے۔ جنگ سے ترقیاتی سرگرمیاں ماند پڑجاتی ہیں۔ تعمیری سلسلے منقطع ہوجاتے ہیں۔ اس کے برعکس امن سے ملک وقوموں کی ہمہ جہتی ترقی ہوتی ہے۔ انسانی قدریں پروان چڑھتی ہیں۔ معیشت کو استحکام ملتا ہے۔ تہذیب وثقافت تمدن کو فروغ حاصل ہوتا ہے۔ جنگ نفاق، عداوت، دشمنی، رقابت کے جذبوں کو ابھارتی ہے۔ امن سے اتحاد، ہم آہنگی، ذہنی آسودگی اطمینان وسکون

حاصل ہوتا ہے۔ امن سے ہمہ جہت ترقیات فروغ پاتی ہیں۔ جنگوں کا تصور بادشاہی شہنشاہی نظام میں روا تھا لیکن جمہوریتیں وجود میں آنے کے بعد حیاتیاتی جنگ، نیوکلیئر جنگ کا شہرہ ہے۔ جنگ تخریبی عمل ہے۔ امن تعمیری عمل ہے۔ اسی پس منظر میں سیاق و سباق میں ساحر نے نظم ''اے شریف انسانو''، لکھی ہے۔ ملاحظہ فرمائیے :

اے شریف انسانو

خون اپنا ہو یا پرایا ہو

نسل آدم کا خون ہے آخر


جنگ مشرق ہو کہ مغرب میں

امن عالم کا خون ہے آخر


بم گھروں پر گریں کہ سرحد پر

روح تعمیر زخم کھاتی ہے


کھیت اپنے جلیں کہ غیروں کے

زیست فاقوں سے تلملاتی ہے


ٹینک آگے بڑھیں کہ پیچھے ہٹیں

کوکھ دھرتی کی بانجھ ہوتی ہے


فتح کا جشن ہو کہ ہار کا سوگ

زندگی میتوں پہ روتی ہے

جنگ تو خود ہی ایک مسئلہ ہے
جنگ کیا مسئلوں کا حل دے گی

آگ اور خون آج بخشے گی
بھوک اور احتیاج کل دے گی

اس لئے اے شریف انسانو
جنگ ٹلتی رہے تو بہتر ہے

برتری کے ثبوت کی خاطر
خوں بہانا ہی کیا ضروری ہے

گھر کی تاریکیاں مٹانے کو
گھر جلانا ہی کیا ضروری ہے

جنگ کے اور بھی تو میداں ہیں
صرف میدان کشت و خوں ہی نہیں

حاصل زندگی خرد بھی ہے
حاصل زندگی جنوں ہی نہیں

آؤ اس تیرہ بخت دنیا میں
فکر کی روشنی کو عام کریں

امن کو جن سے تقویت پہنچے
ایسی جنگوں کا اہتمام کریں

جنگ وحشت ہے بربریت ہے
امن تہذیب وارتقا کے لئے

جنگ مرگ آفریں سیاست ہے
امن انسان کی بقاء کے لئے

جنگ افلاس اور غلامی ہے
امن بہتر نظام کی خاطر

جنگ بھٹکی ہوئی قیادت ہے
امن بے بس عوام کی خاطر

جنگ سرمایے کے تسلط سے
امن جمہوری کی خوشی کے لئے


جنگ جنگوں کے فلسفے کے خلاف
امن پرامن زندگی کے لئے


......☆......

اس نظم میں جنگ کی بیخ کنی کی گئی ہے اور امن کو مرکزی حیثیت حاصل ہے۔ نظم پڑھنے سے ایسا محسوس ہوتا ہے کہ جنگ ابھی ابھی رونما ہوئی اور جنگ کے بعد سماج ملک اور قومی کی جو حالت ہوتی ہے اس کا نقشہ ہو بہو من و عن پیش کیا گیا ہے۔ منظر نگاری کا کمال دکھایا ہے، جنگ کا ماحول محسوس ہوتا ہے۔ نظم کے آغاز میں ہی کہہ دیا گیا ہے کہ جنگ سے نسل آدم کا خون ہوتا ہے۔ انسانیت کا بے پایاں نقصان ہوتا ہے جنگ چاہے مشرق میں ہو مغرب میں ہو اور بم گھروں پر گریں، ٹینک آگے پیچھے ہٹیں ان کی حرکتوں سے زمین والوں کا نقصان ہوتا ہے۔ جنگ سے معیشت تباہ ہو جاتی ہے، قوم قحط کا سامنا کرتی ہے، زمین انسانوں سے محروم ہو جاتی ہے۔ ساحر کہتے ہیں جنگ ایک مسئلہ ہے، جنگوں سے مسئلے حل نہیں ہوتے بلکہ اور الجھاتے ہیں۔ جنگوں سے ہی بھوک، افلاس و مفلسی عود کر آتی ہے۔ ایسے مسائل و حالات کی وجہ سے ہی شاعر کہتا ہے کہ جنگ ٹلتی رہے تو بہتر ہے پھر کہتے ہیں امن سے تہذیب کا ارتقاء ہوتا ہے۔ انسان کی زندگی ترقی سے ہمکنار ہوتی ہے۔ امن سے نظام میں عمدگی بہتری پیدا ہوتی ہے۔ جمہوری اور جمہوریت کی تقویت کے لئے امن ناگزیر ہے۔ جنگ بہیمت و بربریت کی علامت ہے۔ درندگی کا عکس ہے، برتری کی علامت ہے۔ ساحر نے اس نظم کے ذریعہ آفاقی مسائل کی ترجمانی کی

ہے۔ امریکہ نے عراق میں نیوکلیئر بم کی موجودگی کا جھوٹا بہانہ بنا کر بنے بنائے ملک کو برباد کردیا۔ افغانستان میں جمہوریت کی دہائی دے کر وہاں جنگ کا ماحول پیدا کیا۔ اسرائیل نے ساٹھ سال سے فلسطین پر ظلم ڈھائے ہیں، یہاں بھی ٹینک گولہ بارود سے جنگ ہوتی رہی۔ کارگل کی جنگ میں بھی کئی لوگ شہید ہوگئے، جنگ کے بعد جو حالات رونما ہوتے ہیں ان کے اعتدال پر آنے تک کئی برس لگ جاتے ہیں۔ اگر آئندہ جنگ نہ ہوتو بہتر ہے بقائے باہم کے نظریے پر عمل کریں تو جنگ نہ ہوگی۔ علاقوں کے لئے جنگ، سیاسی طاقت کے مظاہرے کے لئے، پانی کے لئے جنگ علاقائی وقومی برتری کے لئے جنگ، انسانیت کے مغائر عمل ہے۔ جنگ ،سچائی وحق کے لئے ہوتو بہتر ہے۔ صحت مند قدروں اور صحت مند انقلاب کے لئے جنگ ناگزیر ہے۔ جنگ تعمیر قوم ملک کیلئے ہو نہ کہ تخریب کے لئے۔ ایسے عالمی مسائل کے تناظر میں ساحر کی نظم ''اے شریف انسانو'' اپنی معنویت میں مزید اضافہ کرتی ہے۔ امن میں سب کچھ ترقی کا راز پوشیدہ ہے۔ جنگ میں سوائے نقصان کے کچھ نہیں ہے۔

اس لئے اے شریف انسانو
جنگ ٹلتی رہے تو بہتر ہے!

## نظیر اکبرآبادی کے کلام میں قومی یکجہتی

### ڈاکٹر محمد ناظم علی
پرنسپل گورنمنٹ ڈگری کالج
موڑتاڑ ضلع نظام آباد

اردو زبان و ادب میں جن شعراء نے قومی یکجہتی کے فروغ میں کارہائے نمایاں انجام دیئے ہیں۔ان میں نظیر اکبرآبادی کا نام اولین حیثیت کا حامل ہے۔نظیر کا اصلی نام ولی محمد اور نظیر تخلص ہے۔ 1735ء میں دلی میں پیدا ہوئے اور 1840 میں آگرہ میں وفات پائی۔ ڈاکٹر رام بابو سکسینہ لکھتے ہیں کہ ''نظیر اردو شاعری کا شکسپیئر کہلاتا ہے''۔ وہ بڑے فطرت نگار ہیں۔ان کا کلام حقیقت کا آئینہ دار ہے۔ نظیر کا ربط و میل جول سماج کے ہر طبقہ سے تھا۔ امیر غریب ہندو مسلم سکھ عیسائی سب سے تعلقات تھے۔وہ ہر قسم کے تہواروں میلوں ٹھیلوں میں شریک ہوتے تھے۔ نظیر نے خود کو اردو شاعری کے مروجہ دھارے سے جدا رکھا انہیں دلی کے مشاعروں میں شرکت سے کوئی دلچسپی نہیں تھی۔ وہ صحیح معنوں میں ایک عوامی شاعر تھے۔ عوامی احساسات و عوامی جذبات کو عوامی اسلوب ولہجہ میں پیش کیا۔ ہندوستان میں بسنے والے عوام کی زندگی کا انہوں نے بہت قریب سے مطالعہ کیا تھا اپنے مشاہدات اور تجربات زندگی کو انہوں نے عوام کی زبان میں نظموں کی صورت میں پیش کیا۔ نظیر کی ایک اہم خصوصیت یہ ہیکہ ان کے کلام میں عام ہندوستانی کی زندگی کی جھلکیاں ملتی ہیں۔ ان کے کلیات میں ہولی دیوالی بسنت کرشن جینتی پر نظمیں ملتی ہیں۔انہیں گرو نانک اور حضرت سلیم چشتی سے عقیدت تھی۔ ان کی بعض نظمیں بظاہر بہت معمولی موضوعات پر لکھی ہوئی ہیں۔ مثلاً پیسہ، روٹی، مفلسی، خوشامد، آدمی نامہ، بنجارہ نامہ، رہے نام اللہ کا، توحید، بخل، ہولی دیوالی وغیرہ کی نظمیوں میں سیدھے سادھے اسلوب میں بڑی حکیمانہ فلسفیانہ اور عارفانہ باتیں بیان کی ہیں۔ نظیر پہلا عوامی جمہوری شاعر ہے، جس نے راست عوام سے ربط رکھا۔ نظیر صوفی شاعر تھے۔ صوفیوں کو عوام سے سروکار رہتا ہے اور صوفیانہ تعلیمات میں

قومی یکجہتی کا تصور بدرجہ اتم موجود ہوتا ہے۔نظیر کے دور کا ہندوستان قومی وفرقہ واری تفریق و امتیاز سے عاری تھا۔قومی ارتباط واختلاط وملاپ اپنے شباب پر تھا۔انہوں نے سماج کے ہر طبقہ سے محبت کی۔ان کو گلے لگایا۔نظیر کی زندگی اور کلام قومی یکجہتی کا بے مثال نمونہ ونقش ہے۔انہوں نے اپنی زندگی اور کلام سے ہندوستان کے مختلف مذاہب وطبقات سے تعلق رکھنے والے لوگوں کو یکجہتی، یگانگت، یکتا، محبت، اخوت، بھائی چارہ اور رواداری کا درس دیا ہے۔نظیر عوام میں گھل مل کر رہتے تھے۔عوامی تقاریب اورتہواروں میں حصہ لیتے تھے۔ان کو ہر آدمی قدر کی نگاہ سے دیکھتا تھا۔ چاہے اس کا تعلق کسی مذہب اور فرقے سے کیوں نہ ہو۔وہ کسی بھی رنگ ونسل کی نمائندگی کرتا ہو۔نظیر نے ایک سماجی سائنسداں کی طرح اپنے اردگرد ماحول کا مطالعہ کیا۔وہ عسرت و کسمپرسی میں رہے لیکن خوش رہے۔ان کے ان اشعار سے وطن سے محبت کا اظہار ہوتا ہے۔

عاشق کہو اسیر آگرہ کا ہے
ملا کہو دبیر کہو آگرہ کا ہے
مفلس کہو فقیر کہو آگرہ کا ہے
شاعر کہو نظیر کہو آگرہ کا ہے

نظیر اپنے کلام میں کسی ایک مذہب یا طبقہ سے مخاطب نہیں ان کی شاعری بلا تخصیص مذہب وملت رنگ ونسل سب انسانوں کے لئے یکساں اہمیت کے حامل ہے۔وہ ہندو مسلمان سکھ عیسائی سب کو عزت کی نگاہ سے دیکھتے ہیں۔ان کا خیال ہے کہ باہمی میل جول اور یگانگت سے انسان کی عظمت بڑھ جاتی ہے۔باہمی تنازعہ اور تفرقے عبث ہیں۔اس لئے بے تعصبی رواداری صلح کل اور پرامن زندگی گذرنے کی تلقین کرتے ہیں۔نظم رہے نام اللہ کا میں کہتے ہیں۔

جھگڑا نہ کرے ملت ومذہب کا کوئی یاں
جس راہ میں جوان بڑے خوش رہے ہر آن
زنار گلہ یا کے بغل بیچ ہو قرآن

عاشق تو قلندر نہ ہندو نہ مسلمان

کافر نہ کوئی صاحب اسلام رہے گا

آخر وہی اللہ کا ایک نام رہے گا

نظم کے اس بند سے وہ رواداری اور بے تعصبی اور مساوات کی تلقین کرتے نظر آتے ہیں۔ ''بخل''، نظم میں کہتے ہیں اگر انسان نیکی کرنا چاہتا ہے تو

گر نیک کہا جاتا ہے کر اس جا کچھ احسان

ہندو کو کھلا پوری مسلماں کو کھلا نان

کھا تو بھی اسے شوق سے اور عیش پہ رکھ دھیان

تو اس کو کو نہ کھاویگا تو یہ بات یقین جان

ایک روز یہ خندی تجھے کھا جائیگی بابا

ہندوستان کی روح ان کی شاعری میں رچ بس گئی ہے۔ وہ ہندوستانی مناظر قدرت ہندوستانی معاشرت اور ہندوستانی رسوم و رواج کی اپنی شاعری میں بے کم و کاست ترجمانی کرتے ہیں۔ بقول احمد صدیق ''مجروح گورکھپوری، نظیر خالص ہندوستانی شاعر تھے۔ ہندوستان کی زندگی ہندوستان کے رسم و رواج اور روایات ان کی شاعری کے لازمی عناصر ہیں۔ وہ اپنے گرد و پیش کے عام واقعات کے ساتھ سچی انسیت رکھتے ہیں اور ان ہی سے اپنی شاعری کے لئے مواد حاصل کرتے ہیں۔ نظیر اردو کے پہلے شاعر ہیں جن کا کلام پڑھ کر ہندوستان کے حالات اور یہاں کے رسم و رواج کے متعلق معلومات حاصل کئے جا سکتے ہیں۔ ''نظیر نے نہ صرف اسلامی عیدوں مذہبی رہنماؤں سے متعلق نظمیں لکھی ہیں بلکہ غیر ملکی مذہبی شخصیتوں اور عیدوں تہواروں کے لئے بھی موضوع سخن بنایا۔ انہیں ایک ہندوستانی ہونے کے ناطے ہندو فلسفے ہندو دیومالا اور ہندو معاشرت و رسم و رواج سے غیر معمولی شغف تھا۔

انہوں نے جس موضوع پر لکھا اس کو بلندی عطا کی۔

غرض نظیر اردو کے بہت بڑے عوامی اور قومی یکجہتی کے علمبردار شاعر تھے۔ نظیر کے کلام کی اہمیت وافادیت ان کے موضوعات کی وجہ بڑھ جاتی ہے۔ اگر کہیں قومی یکجہتی پر سمینار ہو اور نظیر کا نام وذکر نہ کرے تو ادبی بدیانتی ہوگی۔ نظیر کے افکار وخیالات کی عصری دنیا کو بے حد ضرورت ہے۔ لہٰذا ان کے کلام اور قومی یکجہتی کے تصور کو عام کرنا چاہئے۔ قومی یکجہتی ایسا اکسیر ہے جس سے قومی سماجی سیاسی ملکی مسائل کا حل ڈھونڈا جاسکتا ہے۔ چونکہ ملک کی سالمیت وامن قومی یکجہتی میں مضمر ہے۔

## اکبرالہ آبادی کے ایک قطعہ پر نظر

ڈاکٹر محمد ناظم علی

چھوڑ لٹریچر کو اپنی ہسٹری کو بھول جا
شیخ و مسجد سے تعلق ترک کر اسکول جا
چار دن کی زندگی، کوفت سے کیا فائدہ
کھا ڈبل روٹی، کلرکی کر، خوشی سے پھول جا

اکبرالہ آبادی 1846ء میں 16 نومبر کو الہ آباد ضلع کے بادہ میں پیدا ہوئے اور ابتدائی تعلیم وہیں حاصل کی۔ فارسی، ریاضی اور انگریزی پڑھی۔ 1866ء میں مختاری کا امتحان پاس کیا۔ ملازمت کا آغاز منصفی میں عرضی نویسی بعد نائب تحصیلدار مقرر ہوئے۔ اکبر نے جس ماحول میں آنکھیں کھولی۔ تب انگریزی تہذیب اور حکومت کا دور دورہ تھا۔ انگریزی زبان و تہذیب بتدریج اپنے قدم جما رہی تھی اور انگریز یہاں کی سیاست کا تدبر و فراست حاصل کر رہے تھے کہ کس طرح حکومت کی جائے۔ چنانچہ 1858ء میں انگریزوں کی حکومت قائم ہوگئی، مغل تہذیب کا چراغ ٹمٹا رہا تھا اور نئی تہذیب جنم لے رہی تھی۔ اکبر بہت کچھ برداشت کرتے تھے لیکن سیاسی و سماجی غلامی کے شدت سے مخالف تھے۔ چنانچہ وہ اپنی بیشتر نظموں و کلام میں انگریزی تہذیب و تمدن کے خلاف نبرد آزما نظر آئے۔ مغربی تعلیم اور مغربی طرز زندگی کے علاوہ اس کے فیشن کی اندھی تقلید کو تنقید کا نشانہ بنایا۔ انگریزی تہذیب کی شدت سے مخالفت کرنے کی ایک وجہ یہ بھی ہے کہ وہ انگریزوں کو ملک سے نکالنا چاہتے تھے اور ان کے ملک میں وجود کے سخت مخالف تھے۔ اکبرالہ آبادی انگریزی تہذیب کے ہر جز سے نفرت کرتے تھے۔ ان کا کلام معاشرتی اصلاح کا منبع تھا۔ یوروپی طریقوں کو اختیار کرنے کی سخت مخالفت کی۔ ایشیائی تہذیب و ثقافت اور مشرقی اقدار کی پاسداری ان کی شاعری کا خصوصی حصہ ہے وہ مغلوب ذہنیت کے قائل نہیں تھے اور مغرب کی اندھی تقلید کے مخالف تھے، لیکن مشرقی اقدار و قدروں کے تحفظ و بقاء کی

کاوش اپنے کلام کے ذریعہ کرتے رہے۔ اکبر، روحانی اقدار اور اخلاقی اقدار کے پاسبان تھے۔ وہ مشرقی تناظر میں اپنی بات کو مؤثر بنا کر پیش کرتے ہیں۔ انہوں نے روحانی، مذہبی اور اخلاقی قدروں کی تلقین میں سرسید احمد خاں کو بھی نہیں چھوڑا۔

مذہب ہی انسان کا ماحصل ہے۔ بغیر مذہب کے انسان حیوان بن جاتا ہے۔ مذہب ہی سے آدمی انسان بنتا ہے۔ ان میں انسانی قدریں پیدا ہوتی ہیں۔ وہ مذہب کی بڑائی وافضلیت کے قائل ہیں۔ وہ مذہب پر عمل کرنے کی تلقین کرتے ہیں۔ سرسید نے انگریزی تعلیم کی طرف راغب کرنے کی کاوش کی لیکن اکبر نے مشرقی علوم وفنون کے اکتساب پر زور دیا۔ ان سے فیض اٹھانے کی تلقین کی۔ اکبر مغرب سے آنے والی ہر ترقی یافتہ چیز کی مخالفت کی۔

حروف پڑھنا ہے ٹائپ کا

پانی پینا پڑ رہا ہے پائپ کا

انگریزوں نے ٹائپ رائٹر ایجاد کیا اور استعمال بھی شروع کیا۔ انگریز آنے کے بعد ہندوستان میں نل کے ذریعہ آبرسانی کا انتظام ہوتا رہا ورنہ اس سے قبل کنووں، نالوں، تالابوں سے پانی لاتے تھے، لیکن اکبر اس کی وقتی طور پر مخالفت کی۔ زیر مطالعہ نقطہ کا پس منظر بھی وہی ہے۔ انگریز ہند پر آہستہ سے اپنا تسلط جمانے لگے اور ہندوستانی ان کے نظام تعلیم اور روزگار سے متاثر ہو کر ان کے مروج کردہ علوم وفنون حاصل کرنا شروع کر دیئے۔ اکبر روایتی علوم وفنون کے شدومد سے قائل ہیں۔ ادب اور ہسٹری کو طنزاً بھول جاتے ہیں۔ حالانکہ ابدا انسانی ہمہ نوعیت جذبات و احساسات کا نام ہے۔ ادب میں جذبہ کی کارفرمائی ہوتی ہے۔ ادب میں علوم وفنون کا خزانہ یہاں ہوتا ہے۔ ادب قوموں کی تہذیب و تاریخ تمدن کو پیش کرتا ہے۔ تاریخ قوموں کا حافظہ ہوتی ہے۔ انسانی نشو ونما و ارتقاء میں کلیدی رول ادا کرتی ہے۔ جب انگریز ہندوستان میں قوم جمانے لگے تو انہوں نے اپنے طرز و تہذیب کے اسکول قائم کئے، جس میں ہندوستانی و مشرقی تہذیب ندارد تھی۔ اسکولوں میں انگریزی تہذیب و قدریں بتلائی جاتی تھیں۔ مغربی

تہذیب کی چمک دمک عارضی ہے۔ چار دن کی زندگی ہے غصہ کرنے سے کیا فائدہ۔ ہندوستانی اس دور میں کلرکی حاصل کر کے پھولے نہ سماتے تھے۔ بہت خوش ہو جاتے تھے اور اعلیٰ مناسب و عہدہ انگریزی نسل کے لوگوں کے حصہ میں آتے تھے۔ چھوٹی چھوٹی نوکریوں وعہدے حاصل کرنا اور اس پر خوش ہونا اعلیٰ ظرفی کی علامت نہیں ہے۔ اعلیٰ عہدوں کی تمنا و آرزو کرنا ضروری ہے۔ کلرکی حاصل ہوتے ہے ڈبل روٹی کی طرح ہندوستانی پھول جاتے ہیں۔ اکبر طنز کرتے ہیں کہ انگریزی تعلیم وفن اخلاق سے ماورا ہوتے ہیں۔ مشرقی علوم وفنون اور تاریخ انسان کو اخلاق سے آراستہ رہتے ہیں۔

21 ویں صدی میں ادیب کی ذمہ داری

ادب زندگی کا آئینہ وعکاس ہوتا ہے۔ سماجی تغیریات کے ساتھ ادبی قدریں بدلتی رہتی ہیں۔ ادب میں مثنوی۔ داستان لکھی جاتی رہی۔ ناول بھی ایک زمانہ کا تقاضہ تھا لیکن سماجی حالات وواقعات زمانہ کے تحت کئی اصناف وجود میں آتی رہیں ناول۔ افسانے اور دیگر اصناف کو فروغ حاصل ہوا اور شاعری میں غزل سکہ رائج الوقت بن گئی۔ ایسے میں ادیب وشاعر کا فریضہ کیا ہونا چاہئے۔ 21 ویں صدی مسائل کی صدی محسوس ہورہی ہے ملکی اور عالمی سطح پر کئی مسائل پیدا ہورہے ہیں۔ دنیا کو دہشت گردی کا سامنا ہے۔ دہشت پسند و دہشت گرد انتشار و بحرانی کی کیفیت پیدا کررہے ہیں۔ بڑی مچھلی چھوٹی مچھلیوں کو نابود کرنے کے درپے ہے اور پوری دنیا پر حکومت کا خواب دیکھ رہی ہے اور کائنات کو تسخیر کرنے کا جذبہ رکھتی ہے۔ ان کے علاوہ مقامی اور عوامی مسائل کے حل کے لئے مقامی اور قومی ادیبوں کا فرض بن جاتا ہے کہ وہ سماجی معاشرتی مسائل کے حل کرنے میں خلوص و نیک نیتی سے کام لیں اور ادب کو سماج کیلئے وقف کردیں۔ اب ادب برائے ادب کا نظریہ ماند پڑ گیا۔ ادب برائے زندگی کی ضرورت ہے۔ ادب میں سماجی سیاسی میلانات رجحانات اور مسائل کی ترجمانی کرنا وقت کا تقاضہ بھی ہے اور انسانیت کی بقاء کے لئے ناگزیر ہے۔

ملکی سطح پر فسادات اور نفاق و نفرت کو جڑ سے نکالنا ہے فرقہ وارانہ ہم آہنگی اور قومی یکجہتی پر مبنی و مشتمل ادب تخلیق کرنا ہوگا۔ مشترکہ کلچر اور مشترکہ قدروں کو ادب کے ذریعہ سے پروان چڑھانا ہوگا۔ قومی ارتباط و اختلاط اور قومی جذبہ کو وسعت دینا ہوگا۔ امن کے تصور کو شاعری اور ادب کا مرکزی موضوع بنانا ہوگا۔ اخلاقیات کی قدروں کی ترویج و اشاعت ادب کے ذریعہ کرنی ہوگی۔ خلوص، محبت، نیکی، خیر، بھلائی، انسانوں کی قدر و منزلت اخوت، بھائی چارگی، بزرگوں کا ادب، متحدہ قومیت کے جذبات کو مزید ادب کے ذریعہ پیش کرنا ہوگا۔ ادب کا انسان کے دل و دماغ پر راست اثر مرتب ہوتا ہے اور ادب میں جذبات و احساسات کی مؤثر کارفرمائی ہوتی ہے اور انسانی داخلیات میں اثر و انقلاب برپا کرتا ہے اس لئے ادیبوں کو چاہئے کہ وہ عالمی و ملکی سطح کے عصری و سلگتے ہوئے مسائل کو اس طرح سے پیش کریں کہ عام قاری میں آسان طریقے سے تفہیم ہو اور اس طرح کا ادب ایسا تعمیری کردار ادا کرے کہ سماج کے گمبھیر مسائل دور ہوں۔ انسان و انسانیت کی بقاء کا سامان نکل آئے۔ ورنہ انسانیت تباہی کے دہانے پر پہنچ جائے گی۔

شعورِ فن

محمد ناظم علی

مسابقتی دنیا کی کوئی حد نہیں اور یہ وسعت و پھیلاؤ لئے ہوئے ہے۔ زندگی کے متنوع شعبوں میں مستقبل پنہاں ہے۔ بس ہمیں دریافت و تلاش کرنی ہوگی۔ قدرتی وسائل کے ساتھ مختلف عصری و میکانیکی فیلڈ میں ماہر و صلاحیت اور قابلیت پیدا کرنے کی ضرورت ہے۔ عصری دور تعلیم برائے روزگار بن گیا ہے۔ مختلف پیشہ ورانہ و عصری کورسیس ضامن روزگار بنتے جا رہے ہیں۔ چنانچہ نیٹ امتحان بھی ضمانت روزگار ایک ذریعہ ثابت ہوسکتا ہے۔ ریاستی اور مرکزی حکومت کی جانب سے آئے دن مسابقتی امتحانات منعقد کئے جاتے ہیں۔ ان میں NET بھی اہم امتحان ہوتا ہے۔ یہ دراصل پوسٹ گریجویٹ طلبہ کے لئے لکچرارشپ کی اہلیت اور JRF کے لئے منعقد ہوتا ہے۔ مذکورہ امتحان امیدوار سے کڑی و سخت محنت کا متقاضی ہوتا ہے۔ سطحی محنت کا گر ثابت نہیں ہوگی زیرِ مطالعہ طلبائے اردو ادب کے لئے کافی مفید ثابت ہوگی۔ ایسے امیدوار جو اردو ادب سے نیٹ میں شرکت کرنے کے خواہاں ہیں، ان کے لئے سودمند اور معلومات بہم پہنچائے گی۔ کتاب میں شاعری کے عنوان سے قدیم اور جدید شاعری کے اہم Master Pieces و شعراء کو منتخب کرکے ان کے حالات زندگی اور شاعری پر محاقہ تبصرہ مل جائے گا۔ اس کے علاوہ اردو کے افسانہ نگاروں اور ناول نگاروں کا اجمالی خاکہ بھی پیش کیا گیا ہے۔ تنقید سے متعلق اہم اور معتبر نقادوں کے تعلق سے معلومات درج کی گئی ہیں۔ مختلف تنقیدی دبستانوں کا تعارف اور ان سے وابستہ تنقید نگاروں کا محاکمہ مل جاتا ہے۔ دکنیات کے ذیل میں مثنوی کدم راؤ پدم راؤ، فخر الدین نظامی بیدری سے لے کر سراج اورنگ آبادی تک کی مثنوی و دکنی ادب کا جائزہ لیا گیا ہے۔ اردو زبان و ادب کی تاریخ ذیلی عنوان کے تحت جنوبی ہند کی بولیاں اور فورٹ ولیم کالج۔ دبستان دہلی کی خدمات اردو کے لئے ہیں جو ان کو تفصیل سے بیان کیا ہے۔ اس طرح اردو تنقید و تحقیق۔ اقبال اور ان کا عہد، سرسید اور ان کا عہد۔ اردو ادب 1936

کے بعد وغیرہ ذیلی ابواب میں مکمل ادبی تفصیلات مل جاتی ہیں۔ کتاب کا یہ تیسرا ایڈیشن ہے جو 2004 کو چھپا ہے۔ مواد تازہ اور مستند موجود ہے۔ خاص کر NET میں شرکت کرنے والے اردو ادب کے طالب علموں کے لئے ایک نعمت سے کم نہیں۔ صفحات 551 پر مشتمل ہے۔ اس کی قیمت 150 روپئے رکھی گئی ہے۔ استفادہ کریں تو یقیناً NET میں کامیابی حاصل کرسکتے ہیں کیونکہ اردو ادب کے تمام اہم شعبوں و ابواب کا احاطہ کیا گیا ہے۔ کسی دور و تحریک کو نہیں چھوڑا گیا۔ حیدرآباد میں یہ کتاب سب رس کتاب گھر (فروخت کاونٹر) پنجہ گٹہ سے حاصل کی جاسکتی ہے۔

نام کتاب۔حرف جمیل

مصنف۔جمیل نظام آبادی

نوعیت۔نثری مضامین۔اداریوں کا ) مجموعہ

صفحات۔144

اشاعت۔جولائی2006          قیمت ایک سو روپئے

مبصر۔محمد ناظم علی اردو لکچرر۔گری راج گورنمنٹ کالج نظام آباد

جمیل نظام آبادی بنیادی اعتبار سے اردو کے شاعر مانے جاتے ہیں۔انہوں نے کئی شعری مجموعہ تخلیق کئے ہیں جن میں سلگتے خواب 1978 ۔تجدید آرزو،1985 ۔صبر جمیل ۔1993 ۔دل کی زمین 2004ءشامل وقابل ذ رہیں۔ان کے علاوہ ان کی زیر ترتیب کتب میں ذکر جمیل ۔نقد جمیل ہیں۔ان تصانیف وادبی سرمایہ دیکھ کر یہ کہنا پڑتا ہے کہ جمیل نظام آبادی اردو زبان وادب میں اپنے قلم سے کس طرح کردار ادا کررہے ہیں۔ضلع نظام آباد میں رہ کرانہوں نے ادبی صحافت میں ایک تاریخ بتائی اس کی زندہ مثال رسالہ گونج ہے جو لگ بھگ 35 سال سے شائع ہورہا ہے۔بحیثیت صحافی انہوں نے ادبی جریدے کے ذریعہ اردو زبان وادب کو فروغ عطا کیا ہے۔تن تنہا اردو کے کساد بازاری اس ماحول میں اردو کے گیسو سنوار رہے ہیں اور اس کی ترویج کے لئے مصروف کار رہے ہیں۔مغنی صدیقی کا یہ شاگرد ادبی دنیا میں درخشاں ستارے کی طرح چمکے گا اور ادب میں معتبر مقام حاصل ہوگا۔جمیل نظام آبادی اچھے شاعر ہونے کے علاوہ وہ اچھے نثار بھی ہیں۔ان کی کتاب حرف جمیل اداریوں کا مجموعہ ہے جو گونج میں شائع ہوتے تھے۔ماضی میں بھی اخبارات ورسائل میں شائع ہونے والے اداریوں کو یکجا کر کے کتابی شکل دی جاتی تھی۔آل احمد سرور نے ہماری زبان کے اداریوں کو فکر روشن اور افکار کے دیئے میں جمع کر کے شائع کیا ہے۔کسی بھی اخبار ورسالے کے لئے اداریے ریڑھ کی ہڈی کی مانند ہوتے ہیں۔ان میں وقتی و ہنگامی حالات وکوائف کی ترجمانی ہوتی ہے۔یہ واقعات و

حالات مقامی، ملکی یا عالمی نوعیت کے ہوتے ہیں۔ اداریہ اخبار ورسالے کی جان ہوتے ہیں۔ اداریے سے ہی مکمل اخبار کا تصور کر سکتے ہیں۔ بغیر اداریے کے اخبار نہیں نکلتے۔ اداریہ مضمون نما ہوتا ہے اس میں کبھی کبھی طنز بھی پایا جاتا ہے اور مزاح بھی ہے لیکن تلخ حقائق کو پیش کرنا ہوتا ہے۔ اداریے عصری حالات کے امین اور مستقبل کے اشاروں کا پیکر ہوتے ہیں۔ زبان وادب کے فروغ وترقی میں اداریے ممد ومعاون ثابت ہوتے ہیں۔ اس میں عصری حالات وواقعات کے تناظر میں بڑے پتے کی بات کی جاتی ہے۔ اردو صحافت کے اداریے مستقبل کا ادراک وآگہی عطا کرتے ہیں۔ اداریوں کی اہمیت سے کسی کو انکار نہیں بغیر اداریے کے اخبار مکمل نہیں ہوتا۔ اداریے میں تنقید ہوتی ہے۔ تحقیق سے بھی کام لیا جاتا ہے۔ طنز کے تیر برسائے جاتے ہیں۔ اداریوں کو مدیر لکھتا ہے یا سینئر صحافی بھی تحریر کر سکتا ہے۔ چنانچہ جمیل نظام آبادی نے گونج کے اداریوں کو جمع کر کے ''حرف جمیل'' کے نام سے شائع کیا۔ ان کے اداریوں کے موضوعات سماجی، معاشرتی وسیاسی اور مذہبی وثقافتی ہوئے ہیں۔ ان کے اداریوں میں عصری میلانات و رجحانات پائے جاتے ہیں۔ انہوں نے معاشرتی، تہذیبی واخلاقی عنوانات کے علاوہ زبان و ادب کے مسائل پر بھی اداریے تحریر کئے ہیں۔ اساتذہ، طلباء، اردو تعلیم، اردو میڈیم کے نقائص و خرابیوں پر سیر حاصل بحث کی ہے۔ غرض قاری کو اس تصنیف میں ہمہ نوعیت کے موضوعات مل جاتے ہیں۔ ان میں گجرات کا زلزلہ۔ ایک جائزہ کے آخر میں کہتے ہیں کہ وہ یہ بات ایک حقیقت ہے کہ ساری انسانیت خدا کا کنبہ ہے۔ خدا اپنے کنبے کی مدد کرنے والوں سے خوش ہوتا ہے۔ اس اقتباس سے اندازہ ہوا کہ جمیل نظام آبادی کے دل میں انسانی ہمدردی کہاں تک ہے۔ وہ کہتے ہیں کہ سارے انسان ایک خاندان کے افراد ہیں ان کی مدد کرنا انسانوں کا اخلاقی فریضہ ہے۔ مصیبت زدوں اور مظلوموں کی مدد کرنا ثواب جاریہ کا باعث ہوگا۔ مسلم معاشرہ گندگی کے دلدل میں مسلمانوں کے عصری سماج کے مسئلہ کو اجاگر کیا ہے۔ جہیز جو روایتی مسئلہ ہے اس کے منفی اثرات کس طرح مرتب ہو رہے ہیں۔ روایتی مسائل سے لڑکیاں مجبور ہو کر کیا کرتی ہیں ان

کو اجاگر کیا گیا، افسوس ہوتا ہے۔ میں امت مسلمہ کے نوجوانوں کی طرف اشارہ ہے کہ بچے عربی میں طاق نہیں ہوتے اور قرآن شریف پڑھنے کے قابل نہیں ہوتے۔ عربی تعلیم کی طرف توجہ نہیں دیتے۔ مسلم نئی نسل کس طرح مذہب اور دین سے دور ہوتی جاری ہے۔ اس پر کسی کو فکر نہیں۔ جملہ 64 اداریے جگہ پاتے ہیں۔ ان میں بعض ایسے موضوعات ہیں جو وقت کے حالات کا تلخ و تیز وتند تجزیہ بھی ہے اور بے باک مرقع کشی ہے۔ تقاریب میں لڑکیوں کا ناچ گانا فیشن بن گیا ہے۔ شادی کی محفل میں دیگر پروگرام شادی کے تقدس کو پامال کرتے ہیں اور لڑکیاں ناچ گانے رقص و سرور کی محفلوں میں حصہ لیتی ہیں۔ ایسی وبا مسلم معاشرہ میں بھی پھیل رہی ہے۔ دراصل بڑوں کی گرفت نئی نسل پر نہ کے برابر ہے۔ ماں باپ اولاد کی صحیح تربیت کریں ان کو اپنی نگرانی میں رکھیں۔ دین واخلاقی مادوں میں تربیت ہیں۔ کھلا چھوڑنے اور آزادی دینے سے بچے بے باک ہوجاتے ہیں۔ عریانی معاشرے کی بہت بڑی برائی ہے۔ معاشرہ میں لباس مختصر ہوتا جارہا ے اور تنگ و چست لباس سے کئی جرائم سرزد ہوسکتے ہیں۔ یہ وباء نوجوانوں میں عام ہورہی ہے۔ جمیل نے اس مسئلہ پر بھی قلم کو حرکت جنبش دی اور کئی ایسے مسلم معاشرتی مسائل پر قلم اٹھایا ہے جو مسلم سماج آج بھی مبتلاء نظر آتا ہے۔ انہوں نے کسی چیز کو نہیں چھوڑا بلکہ اپنے دور کے سماج و مسلم معاشرہ کے مسائل کا باریک بینی سے جائزہ لیا۔ شادی بیاہ کے رسومات، خرافات، جہیز، فسادات، عریانیت، نئی نسل کے اخلاق و عادات، لڑکیوں کی شادی کیلئے انتخاب کا مسئلہ، مشاعروں کے شاعر، دکھاوا، نمود نمائش، اردو کے وارث، عورتوں کی فضول خرچیاں وغیرہ یہ ایسے احساسات و جذبات ہیں جو رواں سماج و معاشرہ میں مروج ہیں ان کی بیخ کنی ہونی چاہئے۔ اچھی اور صحت مند قدروں کو اپنانا چاہئے اور بری روایات عادتوں سے اجتناب کرنا چاہئے۔ جمیل نظام آبادی کے یہ اداریے سماج کی دکھتی رگ پر نبض پر ہاتھ رکھنے کے مماثل ہیں۔ حرف جمیل پڑھنے کے بعد ایسا محسوس ہوا کہ یہ سماجی اور ادبی دستاویز سے کم نہیں۔ نئی نسل کے لئے افادیت بخش ثابت ہوگی۔

مبصر محمد ناظم علی ۔ اردو لیکچرر گری راج گورنمنٹ کالج ۔ نظام آباد

## اکبرالہ آبادی کی نظم ''تعلیم نسواں'' کا تجزیہ

سید اکبر حسین اکبرالہ آبادی 16 نومبر 1846ء کو الہ آباد کے ایک گاؤں بارا میں پیدا ہوئے۔ والد کا نام تفضّل حسین تھا۔ ان کے آبا واجداد ایران سے ہندوستان آئے تھے۔ ان کا انتقال 9 ستمبر 1921ء کو ہوا۔ اکبرالہ آبادی کی شاعری میں موضوعات کا تنوع ملتا ہے۔ انہوں نے سماجی۔ سیاسی تہذیبی اور معاشرتی و ثقافتی مسائل و تصورات کو اپنی شاعری کا موضوع بنایا۔ جدید تعلیمی نظام تعلیم نسواں، مغربی طرزِ معاشرت، مغربی تہذیب کی اندھی تقلید، بدلتا ہوا سماجی نظام مزعومہ ترقی، اخلاقی تنزل، قدروں کا زوال، شرافت کے معیارات وغیرہ کو شاعری میں موضوع بحث بنایا اور ان کی بھر پور مخالفت کی۔ انہوں نے نہ صرف انگریزی تہذیب بلکہ اس دور کے سماج کی دکھتی رگ پر ہاتھ رکھا اور ایک ماہر نباض کی حیثیت سے سماجی ناہمواری و جمود کی ترجمانی کی۔ اکبر نے ایسی نظمیں تخلیق کی ہیں، جس کا انطباق و اطلاق آج کے زمانے میں ہوتا ہے۔ ان کی نظم مستقبل کا عصری اطلاق مسلمہ ہے۔ جو اشارے انہوں نے نظم مستقبل میں دیئے ہیں اور اس کی تصویر ہم محسوس و دیکھ رہے ہیں۔ سب کچھ منظر و ماحول بدل گیا۔ انہوں نے تعلیم نسواں کے عنوان و موضوع پر پر اثر وعمدہ اور سبق آموز نظم لکھی آج کے عصری تناظر میں اس کی معنونیت اور بڑھ جاتی ہے گو کہ پڑھنے والے روایتی کہیں گے لیکن اکبر عورتوں کی تعلیم کے قائل ہیں لیکن وہ کہتے ہیں کہ تعلیمی شعور اور سلیقہ زندگی کے لئے ناگزیر ہے۔ سرسید بھی عورتوں کی تعلیم کے قائل ہیں۔ البتہ غالب عورت کی تعلیم خط لکھنے پڑھنے تک محدود کر دیتے ہیں۔ ان کی 18 اشعار پر مبنی نظم میں عورت کی گھر گرہستی روحانی و ذہنی اطمینان کا سامان فراہم کیا۔ اس کے برعکس آج عورت سماج کے شانہ بہ شانہ رہ کر بھی ذہنی انتشار و فکری بحران سے دوچار ہے۔ خاندان میں سکون میسر نہیں۔ انفرادی خاندان میں گذارہ کر کے بھی پریشانی کا شکار ہے۔ ذہنی و معاشرتی سکون و اطمینان مفقود ہوتا جا رہا ہے اکبر کہتے ہیں۔

تعلیم عورتوں کو بھی دینی ضروری ہے
لڑکی جو بے پڑھی ہو تو وہ بے شعور ہے
حسن معاشرت میں سراسر فتور ہے
اور اس میں والدین کا بے شک قصور ہے
ان پر یہ فرض ہے کہ کریں کوئی بندوبست
چھوڑیں نہ لڑکیوں کو جہالت میں شادو مست
لیکن ضرور ہے کہ مناسب ہو تربیت
جس سے برادری میں بڑھے قدر و منزلت
آزادیاں مزاج میں آئیں نہ تمکنت
ہو وہ طریق جس میں ہونے کی وہ مصلحت
ہر چند ہو علوم ضروری کی عالمہ
شوہر کی ہو مرید تو بچوں کی خادمہ
مذہب کے جو اصول ہوں اس کو بتائے جائیں
باقاعدہ طریق پرستش سکھائے جائیں
کھانا پکانا جب نہیں آیا تو کیا مزا
جوہر ہے عورتوں کیلئے یہ بہت بڑا
لندن کے بھی رسالوں میں میں نے یہی پڑھا
مطبخ سے رکھنا چاہے لیڈی کا سلسلہ
سینا پرونا عورتوں کا خاص ہے ہنر
درزی کی چوریوں سے حفاظت پہ ہو نظر
کسب معاش کو بھی یہ فن ہے کبھی مفید

اک شغل بھی ہے دل کے بہلنے کی بھی امید
کھانے بھی بے ضرر رہوں صفا ہو لباس بھی
لا فت ہو جو گھر کی صفائی میں کچھ کمی
پبلک میں کیا ضرور کہ جا کر تنی رہو
تقلید مغربی پر عبث کیوں ٹھنی رہو
داتا نے دھن دیا ہے تو دل سے غنی رہو
پڑھ لکھ کے اپنے گھر ہی دیوی بنی رہو
مشرق کی چال ڈھال کا معمول اور ہے
مغرب کے ناز ورقص کا اسکول اور ہے
دنیا میں لذتیں ہیں نمائش ہے شان ہے
ان کی طلب میں حرص میں سادا جہاں ہے
اکبر سے یہ سنو کہ جو اس کا بیان
دنیا کی زندگی فقط اک امتحاں ہے
حد سے جو بڑھ گیا تو ہے اس کا عمل خراب
آج اس کا خوشنما ہے مگر ہو گا کل خراب

اکبر کہتے ہیں کہ عورتوں کو شعور و آگہی عطا کرنے کے لئے تعلیم دینی چاہئے۔ رہن سہن کے طریقوں اور زندگی کا سلیقہ و تربیت دینا ضروری ہے۔ اگر لڑکیاں بے سلیقہ نکل جائیں تو گھر کے گھر تباہ و برباد ہو جاتے ہیں۔ ماں باپ کو چاہئے کہ وہ اپنی لڑکیوں کی اخلاقی روحانی اور معاشرتی تربیت کریں۔ ان کی جہالت کو دور کریں۔ تعلیم دراصل لڑکیوں کا اصل زیور ہے۔ اس سے محروم نہ کریں۔ تعلیم سے ہی لڑکیوں کی عزت، عظمت اور رتبہ بڑھے گا۔ تعلیم سے ہی وہ اپنے پیروں آپ کھڑے ہو گی۔ بغیر تعلیم کے لڑکی زندگی مجبور و بے بس ہو جائے گی۔ لڑکی ایسی ہو جس کو اپنے

خاندان کی عزت آبرو کا خیال رہے۔ نیکی کا برتاؤ کرے۔ شوہر بچوں کی دیکھ بھال کرے۔ علم حاصل کر کے اس کی عامل بن جاے۔ مذہبی اصول سکھائے جائیں۔ عبادت کا طریقہ بتلایا جائے۔ روحانی انداز کا احساس دلایا جائے۔ شریعت کے اصول پر عمل پیرا ہو جائے۔ عورت مغرب و مشرق کی کیوں نہ ہو وہ اپنے میں کھانا پکانے کا جو ہر رکھے یہی چیز اس کو خاندان میں بڑھاوا دے گی۔ عورت میں سینے پرونے کا ہنر ہو۔ ایسا ہنر عورتوں کی خود کفالت کا ذریعہ بنے گی۔ وقت اور دل بہلنے کا اچھا مشغلہ بھی ہے۔ عورت چراغ خانہ بنے۔ چراغ محفل نہ بنے اس سے کئی فتور جنم لیتے ہیں۔ مغرب میں عورتیں آزادانہ گھومتی ہیں۔ مشرق میں عورتوں کو اخلاق کے تابع ہونا پڑتا ہے۔ زندگی کو فطرت کے تقاضوں کے مطابق گذارانا چاہئے۔ نمود و نمائش سے پرہیز کرنا چاہئے۔ دکھاوا مصنوعی پن سے دل کھوکھلا ہو جاتا ہے۔ اکبر نے اپنی اس نظم کے ذریعہ سے مشرقی و ہندوستانی عورت کے حقیقی رنگ و روپ کو پیش کیا ہے اور اسی تناظر میں اس کی بھلائی ہے۔ عورت میں مشرقی پن ہو۔ زندگی تو ایک امتحان ہے۔ اس میں وہی عورت کامیاب ہوتی ہے جو مشرقی تہذیب و قدروں کو اپنا لے۔ مغربی طرز زندگی و معاشرت عورت کے لئے ایک عذاب سے کم نہیں۔ ایک عورت کی تعلیم سے ایک کنبہ کی تعلیم ہوتی ہے۔ لہٰذا لڑکیوں کو زیور تعلیم سے آراستہ کرنا ناگزیر ہے۔

مبصر ڈاکٹر محمد ناظم علی

صدر شعبہ اردو گری راج کالج نظام آباد

قومی زبان کا بابائے اردو مولوی عبدالحق نمبر۔ایک جائزہ

ماہ اپریل رمئی 2010۔جلد 01۔شمارہ۔5-4

مدیر فائق احمد۔ڈائرکٹر سکریٹری اردو اکیڈیمی آندھرا پردیش

صفحات 96

قیمت 10 روپئے

مبصر۔ڈاکٹر محمد ناظم علی۔،صدر شعبہ اردو گری راج کالج نظام آباد

اردو اکیڈیمی آندھرا پردیش کا ترجمان رسالہ قومی زبان لگ بھگ کئی سال سے شائع ہو رہا ہے اور سابق صدر نورالحق قادری اور محمد رحیم الدین انصاری کے دور میں بڑی آب وتاب کے ساتھ شائع ہوتا رہا اور اسکے اس دور کے شمارے کمیت و کیفیت کے لحاظ سے معیاری ہوا کرتے تھے۔آج کل یہ رسالہ مدیر فائق احمد کی ادارت میں شائع ہو رہا ہے اور یہ خاص نمبر بھی ان کی ادارت میں نکلا۔وہی معیار و روایات کو ملحوظ رکھا گیا جو سابق میں تھا۔سرورق پر بابائے اردو مولوی عبدالحق کی تصویر شائع ہوئی۔رومی ٹوپی،عینک،سفید داڑھی اور لال شیروانی میں ملبوس ہے۔سرورق پر اقبال کا ایک شعر ہے اور یہ شعر عبدالحق کی شخصیت پر صادق آتا ہے اس کا اطلاق ہوتا ہے۔ان کی سیرت،شخصیت کردار میں یہی اوصاف تھے۔

نگہ بلند،سخن دلنواز،جاں پُرسوز
یہی ہے رخت سفر میر کارواں کیلیئے

اردو کے خادم کیلیئے بھی سفر میں یہی سامان تھے۔ان ہی عناصر کی بناء پر وہ اردو کے کام و کاز میں کامیاب رہے۔اک سخن اور عنوان کے تحت اداریے میں فائق احمد نے نمبر کی اشاعت کی غرض وغایت اور تناظر کو بیان کرتے ہوئے بابائے اردو مولوی عبدالحق کے ادبی وعلمی کارناموں کو اجاگر کیا ہے اردو میں اس قبیل وقماش کے دو ہی لوگ ملتے ہیں،جنھوں نے اردو زبان وادب کی ترقی۔ترویج و اشاعت کو اپنی زندگی کا ماحاصل بنایا۔رات دن اسی زبان کے لئے وقف

ہو گئے تھے۔تن من دھن دامے۔ درمے۔ سخنے قدمے ہر حیثیت سے اردو زبان و ادب کی خدمت بجالائے۔ یوں تو ماضی میں کئی رسائل نے مولوی عبدالحق پر خاص نمبر نکالے لیکن 21 ویں صدی میں نئی نسل کو روشناس کروانے کیلئے مدیر قومی زبان جو نمبر مولوی عبدالحق پر نکالا وہ خوش آئند قابل تعریف ہے اور اس شمارے کے قلمی معاونین بھی زیادہ تر نئی نسل کے اساتذہ ہیں۔ مشاہیرین واکابرین ادب یا آزمودہ کار پروفیسر کے رشحات قلم شامل ہوتے تو سونے پر سہاگہ کا باعث ہوتا، لیکن پھر بھی جو کام ہوا غنیمت ہے۔

اس شمارے میں ڈاکٹر سید داؤد اشرف کا مضمون تحقیقی نوعیت کا ہے۔ مولوی عبدالحق اور حیدرآباد میں حیدرآباد میں مولوی صاحب کے قیام اور ادبی خدمات پر سیر حاصل تبصرہ ہے اور ان کی علمی وادبی شغف و دوستی کا اظہار ملتا ہے۔ مولوی عبدالحق ادب کے عالم و تنقید نگار تھے۔ انہوں نے اردو لغت کیلی ٹائپ میں چھپوا کر اردو دنیا میں اہم کارنامہ انجام دیا۔ آج بھی اس لغت کی اہمیت مستند و معتبر ہے۔

پروفیسر محمد انورالدین نے بابائے اردو مولوی عبدالحق میں ان کی زندگی۔ حیات اور ادبی وصحافتی کارناموں کو تفصیل سے اجاگر کیا۔ مولوی صاحب کے تدوین و مرتب کردہ ادبی کتب پر روشنی ڈلی۔ ڈاکٹر بشیر احمد نے مولوی عبدالحق کا خاندانی شجرہ سیرت، شخصیت مناسب و علمی وادبی خدمات پر خامہ فرسائی کی۔

سید فضل اللہ مکرم نے صحیح موضوع اخذ کیا کہ مولوی عبدالحق اردو زبان وادب کا جانباز سپہ سالار میں ان کی اردو کے لئے قربانیوں کا تذکرہ کیا۔ مولوی صاحب نے انجمن ترقی اردو کے تحت اردو کے عملی نظریاتی کام کو آگے بڑھایا اور انجمن 1950 تک حرکیاتی رہی لیکن عصری دور میں اس انجمن کا ربط اردو عوام سے کم ہو گیا۔ صرف دانشوروں تک محدود ہو گیا۔ بڑے بڑے جلسے ماضی کا حصہ بن گئے۔ حال محدود ہال کمروں میں سمٹ آیا۔ سید فضل اللہ مکرم نے مولوی صاحب کے تخلیقی تنقیدی و تحقیقی کاوشوں و کارناموں پر روشنی ڈالی۔ ڈاکٹر عرشیہ جبین نے مولوی

عبدالحق بحیثیت تبصرہ نگار عمدہ و اچھا مقالہ پیش کیا اور کئی حوالوں سے اپنی بات پیش کرنے کی کوشش کی۔ دیگر قلمکاروں کے مضامین بھی مولوی عبدالحق شخص اور عکس، مقدمہ نگاری کا فن، تعارف و تحقیق مکتوب نگاری کا اہم ستون وغیرہ پر تفصیلی روشنی ڈالی گئی۔ اس نمبر کی خاص خوبی یہ ہے کہ اس میں ان کی زندگی و شخصیت اور ادبی خدمات کے مختلف و متنوع پہلوؤں کو عیاں کیا گیا۔ مولوی عبدالحق بہ یک وقت تخلیق کا۔ تنقید نگار، مقدمہ نگار، مکتوب نگار، مرتب، محقق، مدون، مولف وغیرہ ان ہمہ جہت و ہمہ گیر کارناموں کو دیکھ کر کہنا پڑتا ہے کہ مولوی عبدالحق کی شخصیت جامع کمالات تھی۔ وہ جامعیت و مدبرانہ انداز سے ادب و زبان میں خدمت انجام دیتے رہے۔ اردو ادب میں خدمات کے عوض خطابات عطا کئے گئے۔ محمد قلی قطب شاہ۔ پہلا صاحب دیوان شاعر۔ ولی اورنگ آبادی باوا آدم (اردو شاعری) میر تقی میر خدائے سخن۔ اقبال شاعر مشرق پیغمبر شاعر تو مولوی عبدالحق بابائے اردو Father of the Urdu Language کہلاتے ہیں۔ ایسے خطابات صرف جید و مجتہد ادیبوں و شاعروں کو ملتے ہیں، جنہوں نے ادب میں اجتہاد کیا ہو۔ انقلابی تبدیلی پیدا کی۔ ادب کو راستہ بتلایا۔ صحت مند راہیں متعین کی۔ عبدالحق نے اردو کی عملی اور بے لوث خدمت انجام دی۔ وہ حیدرآباد میں رہے اورنگ آباد میں۔ علیگڑھ۔ پاکستان میں صرف اردو کو گلے لگایا۔ آج اردو کے لئے کون ہے جو اس طرح کی قربانی دے۔ اب تو یہ حال ہو گیا ہے کہ اردو والے اردو اخبار کتب نہیں خریدتے۔ اردو سے بے نیازی کا ایسا عالم اردو والوں کو کہاں سے آئے گا۔ خدا سے دعا ہے کہ 21 ویں صدی میں اردو کی بے لوث و فطری و سچی خدمت کے لئے ہم میں کوئی نیا سرسید، حالی، مولانا، وحیدالدین، سلیم اور مولوی عبدالحق جیسے کردار والا پیدا کرے تا کہ اردو قیامت تک زندہ رہے۔

مبصر: ڈاکٹر محمد ناظم علی

صدر شعبہ اردو گری راج کالج نظام آباد

نام رسالہ قومی زبان ۔جنوری 2010۔حیدر آباد

مدیر فائق احمد ۔اردو اکیڈیمی آندھرا پردیش ترجمان

مبصر: ڈاکٹر محمد ناظم علی ۔صدر شعبہ اردو گری راج کالج نظام آباد

قومی زبان رسالہ اردو اکیڈیمی آندھرا پردیش کا علمی، فنی، سائنسی، لسانی اور ادبی جریدہ مانا جاتا ہے۔اس کا پہلا شمارہ جون 1981ء میں چندر سریواستو کی ادارت میں شائع ہوا۔تب سے آج تک کبھی باقاعدہ کبھی بے قاعدہ نکل رہا ہے تو کبھی دو تین ماہ ملا کر ایک شمارہ شائع کیا جاتا ہے لیکن اس کے عام و خاص شمارے ادبی وقعت کے حامل ہوتے ہیں۔ادبی معیار کو روا رکھا جاتا ہے۔ نئے مضامین و تخلیقات کے ساتھ کلاسیکل ادب و تنقید اور تخلیق کو جگہ دی جاتی ہے اور اس کے مشمولات معیاری ادبی معیار کو متعین کرتے ہیں۔ گٹ اپ و سیٹ اپ بھی عمدہ و دیدہ زیب ہوتا ہے۔ آئینہ در آئینہ کے تحت مضامین ۔شعر و سخن ۔افسانے شائع ہوئے۔اداریہ مدیر فائق احمد نے اک سخن اور میں لکھا ہے کہ یہ رسالہ تفریح و طبع کے لئے نہیں بلکہ شمارے سے کوی نہ کوئی پیغام ملتا ہے۔ ماضی میں اس کے لئے خاص نمبر نکلے غالب نمبر۔ مولانا آزاد نمبر۔اقبال نمبر جنوری 2010ء کا شمارہ اکبر آلہ آبادی نمبر ہے۔ اس نمبر میں ادب کے اکابرین ادب نے اپنی نگارشات و تنقیدی مضامین ارسال کئے ہیں۔ اکبر نے طنز و مزاح کو اس طرح برتا کہ وہ الگ علحدہ معلوم نہیں ہوتے۔طنز کی کاٹ میں مزاح کا پہلو ملتا ہے۔اور مزاح میں طنز کی آمیزش مل جاتی ہے۔ اکبر کا طنز و مزاح تمام ادیبوں سے بالکل الگ جداگانہ و منفرد ہے۔ ان کے موضوعات بہت ہیں۔ بقول مدیر ہندوستان پر انگریزوں کے تسلط، ظلم و ستم، پر آشوب حالات، مغربی تہذیب، مغرب کی دین ہیں۔اکبر موقتی طور پر انگلش کلچر کے شدت سے مخالف ہو گئے اکبر کو احساس تھا کہ انگریزی زبان و مغربی کلچر دیرپا اثر چھوڑ جائے گا اور وہی ہو رہا ہے جیسا کہ اکبر نے کہا تھا۔

پروفیسر مجید بیدار کا مضمون اکبر الہ آبادی ایک سماج دوست شاعر میں انہوں نے اکبر کی

شاعری اور کلام کا تجزیاتی انداز میں محاکمہ پیش کیا اور تمہید میں طنز و مزاح ہنسنے و ہنسانے والی باتوں پر سماج میں جو تصور تھا اس کو حقائق کے تناظر میں پیش کیا۔ اکبر نے ایثار و مشرقی تہذیب کو اپنے کلام میں فوقیت دی۔ وہ مشرقی تہذیب کے عناصر و اقدار کی مقدمہ بازی پیروی کرتے نظر آتے تھے۔ مغرب و یوروپی اشیاء و کلچر کی بیخ کنی کرتے تھے۔ موصوف نے اکبر کے طنزیہ و مزاحیہ فن پر نئے انداز سے روشنی ڈالی ہے۔ اکبر شناسی کے لئے یہ مضمون مفید و کارگر ثابت ہوگا۔ آخر میں ان کی نظم مستقبل جو غزلیہ نظم میں کیفیاتی فضاء کا پیکر ہے۔ تبصرہ پیش کیا اس نظم کا انطباق 21 ویں کے معاشرہ میں ہوتا ہے۔ اس نظم میں جو اشارے کئے ہیں آج اس کا اطلاق ہم دیکھ رہے ہیں۔ اکبر کا کلام عصری معنویت بھی رکھتا ہے۔ ڈاکٹر محمد انور الدین نے اپنے تقابلی تنقیدی مضمون میں اکبر الہ آبادی اور اقبال کا تقابلی تجزیہ و موازنہ پیش کیا ہے۔ وہ کہتے ہیں اکبر مغربی علوم۔ مغربی تہذیب اور مادہ پرستی کے شدید ناقد تھے۔ وہ مشرقی علوم سے آشنا تھے۔ انہیں اچھا سمجھتے تھے۔ مغربی علوم کے بارے میں ان کا خیال تھا کہ ان کے حصول سے نوجوان اپنے مذہب و تہذیبی اقدار سے برگشتہ ہوجاتے ہیں۔ یقیناً ہوا بھی ایسا اس دور کی نسل انگریزی کلچر میں ڈوب کر بے راہ رو ہوگئی تھی۔ خود اکبر کے بیٹے بھی شیدا ہوگئے تھے۔ اقبال نے یوروپی علوم و فنون کا ادراک و بصیرت حاصل کی اور وہ علوم و فنون کے سیکھنے میں کوئی قباحت محسوس نہیں کئے۔ علوم و فنون کسی بھی زبان سے کیوں نہ حاصل کریں اگر وہ اسلامی عقائد میں پورے اترتے ہیں تو اس کے عامل بن جائیں۔ ڈاکٹر بشیر احمد نے اکبر الہ آبادی کی حیات اور فکر و فن پر عمدہ و معلومات آفریں مضمون پیش کیا۔ محمد ارشد مبین زبیری نے اکبر الہ آبادی کو مصلح شاعر بتلایا ہے۔ ان کے شعری حوالوں سے اپنی بات کو منوایا ہے۔ ڈاکٹر شیخ سیادت علی نے بھی اکبر الہ آبادی اور سرسید کا تقابلی تجزیہ پیش کیا۔ اشعار سے اندازہ ہوجاتا ہے کہ اکبر سرسید کے کتنے مخالف تھے اور علیگڑھ تحریک سے قوم کا کام تمام ہوا کہا لیکن ان کے کارناموں و تعلیمی مشن کے پس پشت روحانی و اخلاقی قدروں کے قائل تھے لیکن یہ چیزیں سرسید کے مشن میں مفقود تھی۔ اسی لئے تو اکبر نے کہا

کہ

سید صاحب سکھا گئے ہیں شعور
اللہ کا نام لے کر اٹھنا ہے ضرور

باقی مضامین بھی عمدہ ہیں مجموعی وعمومی حیثیت سے یہ نمبر اپنے ادبی وقار ووزن پر پورا اترتا ہے۔ آئندہ بھی کسی کلاسیکل ادیب وشاعر پر نمبر شائع کریں۔ ہمارے ادبی اسلاف میں حالی۔ سرسید۔ شبلی۔ نذیر احمد کی حیات اور ادبی کارناموں کی بازیافت ہونی چاہئے۔ اس کے لئے ہم خاص نمبر کے ذریعہ اس کمی کو پورا کر سکتے ہیں اور نئی نسل کو واقف کروا سکتے ہیں۔

مبصر: ڈاکٹر محمد ناظم علی
صدر شعبہ اردو گری راج کالج نظام آباد

## حیدرآباد کا پہلا ادبی رسالہ مخزن الفواید

ذرائع ابلاغ میں ادبی رسالوں کی اہمیت اپنی جگہ مستند و معتبر و مسلمہ ہے کیونکہ ادبی رسائل قدیم زمانے سے زبان وادب کی ترویج۔ اشاعت اور فروغ میں بے پایاں خدمات انجام دے رہے ہیں۔ جام جہاں نما سے لے کر سب رس حیدرآباد تک کئی رسائل شائع ہوئے۔ اخبارات ورسائل نے زبان وادب کو ترقی دینے کے ساتھ ساتھ ان میں انقلابی تبدیلیاں پیدا کیں۔ اخبارات ورسائل سے قلم کاروں میں لکھنے کی تحریک پیدا ہوتی ہے وہ عمدہ سے عمدہ ادب پیش کرنے میں سبقت لے جاتے ہیں تا کہ عوام تک آسانی کے ساتھ اپنی بات پہنچ سکے۔ ادبی رسائل کا مواد جدت و ندرت پر مبنی ہوتا ہے۔ کتاب کا مواد ٹھہرے ہوئے سمندر کے پانی کے مانند ہوتا ہے۔ ادبی رسائل کا مواد بہتا وصاف وشفاف اور تازہ پانی کے مانند ہوتا ہے۔ اس لئے ادبی رسائل کی ہر دور میں اہمیت وعظمت رہی۔ آج بھی رسالے اتنے ہی اہم ہیں جتنے پہلے تھے۔ حیدرآباد سے نکلنے والے رسالے ذیل میں درج ہیں۔ طبابت (طبی کالج کا ترجمان) سن اشاعت۔ 1857۔ آفتاب دکن۔ قاضی محمد قطب 1860 مرء اۃ القوانین مہدی علی

1866ء۔ادیب میر کاظم علی خاں ۔ 1882ء۔رفیق دکن ۔ مدیر مولوی محمد عزیز الدین 22 اگست 1888ء۔حسن ۔ اگست 1888ء مدیر حسن بن عبداللہ خطاب عماد نواز جنگ ۔ دلگداز۔ عبدالحلیم شر۔ 1886ء۔ دبدبہ آصفی مہاراجہ سرکشن پرشاد 1987ء ۔ افسر ۔ افسر الملک محبّ حسین۔ پیام محبوب مولوی غلام حسین آزاد 1315 ھجری۔ عزیزالاخبار عزیز جنگ ولا 1900۔محبوب الکلام فصاحت جنگ جلیل 1316 ھجری۔جلوہ محبوب مولوی غلام صمدانی گوہر 1316 ھجری۔ستیم دکن محمد نادر علی برتر مہتمم جنوری 1902ء۔ افسانہ ظفر علی خان جولائی 1902۔ یہ تفصیل انیسویں صدی کے قدیم رسائل کی تھی اس کے بعد کئی رسائل حیدر آباد سے نکلتے رہے ہیں اور آج بھی کم تعداد میں شائع ہو رہے ہیں۔ میرے اس مضمون وموضوع کا لب لباب یہ ہے کہ حیدر آباد کا پہلا ادبی رسالہ کونسا ہے۔ پہلے یہ تعین کرلیں گے کہ کس رسالے کو ادبی قرار دیں۔اس کے تقاضے کیا ہیں چند ادبی وغیرادبی مضامین کی اشاعت پر ادبی رسالہ قرار دیں یا اداریہ کا تجزیہ ومحاکمہ کر کے یہ ثابت کر سکتے ہیں۔ایسا رسالہ ادبی رسالہ کہلاتا ہے۔ ہر رسالے کے مدیر کو چاہئے کہ وہ اپنے پہلے شمارے میں رسالے سے متعلق مزاج ۔رجحان ۔غرض وغایت کو عیاں کردیں۔ خالص ادبی رسالہ اس کو کہیں گے جس کے دامن میں ادب سے متعلق مواد و مضامین ہو۔ آیئے میں مخزن الفوائد کا پہلا شمارہ سالار جنگ میوزیم سے زیراکس کاپی حاصل کر کے تجزیہ پیش کررہا ہوں۔اس کے سرورق کے بعد کی تفصیل اس طرح ہے جلد اول۔ رسالہ مخزن الفواید نمبر اول مولف سید حسین بلگرامی دربلدہ حیدر آباد فرخندہ بنیاد غرہ ربیع الثانی 1291 ہجری عیسوی ندارد عدم طبع ہے

نشان ۔فہرست مضامین مندرجہ۔ نام مصنفان ۔تعداد صفحہ

1 دیباچہ مولف 1

2 ہوا اور پانی کا بیان مولف 4

3 اردو ہندی کا جھگڑا سید ابوالحسن 19

4 زمین کو کیونکر درست کرنا چاہئے مولف 32

5 افسانہ نیرنگ زمانہ داستان اول آغا مرزا بیگ 42

6 کیتکی یعنی ہاتھی چنگھاڑ کا درخت مولف 47

7 افسانہ نیرنگ زمانہ داستان دوم آغا مرزا بیگ 56

8 داستے دراستبازے مولف 59

دردارالطبع سرکار عالی باہتمام محمد مسیح الزماں طبعشہ جملہ 59 صفحات پر مشتمل رسالہ تھا۔ اس میں دیباچہ کو ملا کر جملہ پانچ مضامین مولف کے ہیں۔ یعنی مولف سید حسن بلگرامی کے ہیں اور باقی تین مضامین سید ابوالحسن و آغا مرزا بیگ کے ہیں۔ لیکن دیباچہ کا جائزہ لیں تو ادبی مزاج رجحان کا کہیں ذکر نہیں۔ صرف خدا کی نعمتیں ہوا اور پانی کے تعلق سے تفصیل و مضمون درج ہے۔ دیباچہ میں خبر اخبار و رسالہ کی اہمیت واضح کی گئی ہے، لیکن مشمولات و مندرجات ادبی کم ہیں ویسے 1875ء کا حیدرآباد ادبی ماحول سے مزین و لیس تھا لیکن پہلا رسالہ اس نہج کا نکالنا سمجھ سے بالاتر ہے۔ اس کی ہیئت و ساخت کیفیت قطعیت سوالیہ بن جاتی ہے۔

دیباچے میں مدیر و مولف سید حسین بلگرامی رقم طراز ہیں۔

''جاننے والے جانتے ہیں اور سمجھنے والے سمجھتے ہیں کہ اخبار کے پرچہ اخبار ہی کے واسطے کچھ خوب موضوع ہیں اگر ان میں کبھی مضامین علمیہ اور مطالب مفیدہ درج کئے جائیں تو خبروں کی صحبت میں اونکی عمر بھی نائیدار ہو جاتی ہے۔ جز کا طالب نت نئی خبر ڈھونڈھنا ہے۔ ان کے نزدیک پرانے پرچے اخبار کے ادعا کاغذ سے زیادہ قدر و قیمت نہیں رکھتے کوڑہ سمجھ کر وہ انھیں پھینک دیتا ہے اگر اس کوڑے کے اندر دو چار موتی بھی ہوں ہوا کریں پھر اخباروں سے علمی مضامین کے شائع ہونے کی کیا صورت ہے اس کام کے واسطے تو بظاہر کوئی مخصوص پیروی درکار ہے اور مخصوص پیروی سے خاص غرض بعض اہل رائے کی تجویز سے بالفضل یہ قرار پاتی ہے کہ ایک رسالہ ماہانہ چھپا کرے جس میں سوائے مضامین علمیہ کے اور کچھ نہ ہو اور اس رسالے کا

نام مخزن الفوائد رکھا جائے۔ میری رائے ناقص میں اگر یہ رسالہ مخزن الفوائد چل نکلا تو ہمارے ملک کے لوگوں کو بڑا نفع پہنچے گا پہنچائے گا۔ غرض اس کے چھاپنے سے فقط اتنی ہے کہ جن لوگوں کو خداوند عالم نے مایہ علم عطا فرمایا ہے۔ وہ ان اوراق کے ذریعہ سے اپنے ملک کے کم مایہ لوگوں کو بھی اپنی دولت لازوال کے منافع سے متمتع ہونے کا موقع دین اور اپنی تحریروں کو زکوٰۃ علم ودانش تصور فرما کر ان کے اور میرے حق میں محنت قلم کو دریغ فکر میں سچے تو یہ ہے کہ مجھے اس بار گراں کے اٹھانے میں اور رسالہ مخزن الفوائد کی تالیف وتربیت کی محنت گوارا کرنے میں بڑا بھروسہ اپنے ملک کے اہل علم وہمت وکرم ومروت پر ہے۔ مضامین عمدہ سے خالی نہ جانے دیں گے اور ان کے کرم ومروت سے یہ امید ہے کہ وہ میری تحریری اور تالیفی خطاؤں سے چشم پوشی فرمائیں گے''۔

دیباچہ میں رسالے کی نوعیت علمی بیان کی گئی ہے۔ علوم قصیدہ اور علمی نوعیت ظاہر ہوگئی۔ علمی وادبی مضامین میں فرق ہوتا ہے۔ اخبار کی اہمیت کم کر کے رسالے کی اہمیت کو فوقیت دی گئی ہے۔ ایسے رسالے کو خالص ادبی رسالہ کہیں گے۔ اہل علم محقق کے لئے صلائے عام ہے۔ اس موضوع پر بحث کر سکتے ہیں۔ حیدرآباد فرخندہ بنیاد اہل علم اہل حرفہ وفن کا شہر ہے۔ ادب کا عظیم مرکز ہے۔ ایسے شہر کے پہلے ادبی رسالے کی کھوج دریافت ناگزیر ہے۔ تحقیق در تحقیق کا عمل چلتے رہے گا۔ سن عیسوی کے لحاظ سے اس کو اولیت حاصل ہے۔ یہ رسالہ 1875ء میں شائع ہوا۔

حیدرآباد کے ادبی رسائل مضمون میں سلیمان اطہر جاوید یوں رقمطراز ہیں۔ ''حیدرآباد میں ادبی صحافت کا آغاز مخزن الفوائد'' سے ہوتا ہے جس کو 1875ء میں عماد الملک نے جاری کیا۔ یہی وہ زمانہ ہے کہ حیدآباد میں شمالی ہند سے آئے ہوئے اہل قلم کی کہکشاں موجود تھی۔ داغ۔ شاہ نصیر۔ امیر مینائی۔ رتن ناتھ سرشار۔ محسن الملک۔ وقار الملک۔ مولوی چراغ علی۔ نذیر احمد۔ شبلی نعمانی۔ عبدالحلیم شرر ظفر علی خاں اور لگ بھگ اسی زمانے میں نہ جانے اور کتنے ان کے باعث بھی حیدرآباد میں شعر وادب کا ماحول گرم رہا اور یہاں کے شعراء وادباء کے جذبات شوق کو مہمیز ملی''

یہ رہا حیدرآباد کے پہلے ادبی رسالے کی پہلے شمارے کی تفصیل ۔ فیصلے اور نتائج ادبی دانشوروں و مدیروں پر چھوڑتا ہوں کہ اب بھی حیدرآباد کا پہلا رسالہ کونسا ہے؟

راقم: ڈاکٹر محمد ناظم علی

صدر شعبہ اردو گری راج کالج نظام آباد

تبصرہ

کتاب گونج ادبی البم۔ سنہ اشاعت اکتوبر 2011 قیمت 300 روپئے

ترتیب کار۔ جمیل نظام آبادی

مبصر۔ ڈاکٹر محمد ناظم علی

ادبی رسائل کی اہمیت وعظمت اس بات میں مضمر ہے کہ ان سے زبان وادب کو وسعت و ترقی حاصل ہوتی ہے۔ رسائل اپنے جلو میں نت نیا مواد پیش کرتے ہیں۔ جام جہاں نما وادوھ پنچ سے لے کر گونج تک جتنے بھی رسائل شائع ہوئے اور ہورہے ہیں اور گونج کے بعد آنے والے رسالوں نے زبان وادب کی ترویج واشاعت میں بے پایاں رول ادا کیا ہے۔ ماضی میں مختلف شہروں وعلاقوں سے ادبی رسائل کثیر تعداد میں شائع ہوتے تھے، جن میں لاہور۔ کراچی۔ اسلام آباد۔ لکھنؤ۔ دہلی۔ آگرہ۔ رام پور۔ بھوپال۔ مدراس۔ گلبرگہ۔ بیدر۔ حیدرآباد۔ اورنگ آباد۔ نظام آباد قابل ذکر ہیں۔ جمیل نظام آبادی نہ صرف شاعر بلکہ ادبی صحافی بھی ہیں۔ انہوں نے زبان وادب کی ترویج کیلئے صحافت میں قدم رکھا اور 22 فبروری 1973ء کو نظام آباد سے گونج کا اجراء عمل میں لایا۔ ابتداء میں یہ ہفتہ وار تھا 1975ء سے ادبی ایڈیشن کا اہتمام کیا گیا اور 1990ء سے اسے رسالے کی شکل دی گئی۔ اس کا ہر شمارہ 32 صفحات کا ہوتا ہے۔ اس کی ماہانہ اشاعتوں کے علاوہ کئی خصوصی شمارے شائع ہوئے۔ 1991ء اور پھر 1992ء میں قاضی مشتاق احمد فن اور شخصیت نمبر۔

سلیم عابدی فن اور شخصیت نمبر۔ رحیم انور منی کہانی کار فن اور شخصیت نمبر۔

نظیر علی عدیل فن اور شخصیت نمبر۔ ریاست بھر کے قلمکاروں کی نعتوں پر مشتمل ایک ضخیم شمارہ نعت نمبر۔ غزل نمبر۔ نظم نمبر۔ افسانہ نمبر۔ یادگار شعر نمبر۔ ڈسمبر 199ء

گوہر کریم نگری فن اور شخصیت نمبر 2000ء۔ فن اور شخصیت نمبر جنوری 2004ء

دل نمبر۔ نظر نمبر۔ مارچ اگست 2006ء۔ پیش لفظ نمبر ڈسمبر 2006ء

پاگل عادل آبادی فن اور شخصیت نمبر ستمبر 2005ء

انور حیات فن اور شخصیت نمبر مئی 2007ء

ٹیلیفون ڈائرکٹری نمبر مارچ 2008ء

رحمت اللعلمین نمبر ضروری 2011ء تنویر واحدی نمبر۔

ان کے علاوہ اور نمبر بھی نکلے ان کی تفصیل لکھیں تو تبصرہ مفصل ہوجائے گا۔ ان خاص نمبرات کی وجہ سے مختلف شعراء وادیبوں کی زندگی شخصیت وفن پر عمدہ و بہترین مضامین شائع ہوئے۔ تصویر بنانا یا اتارنا۔ یقیناً گناہ ہے، لیکن زمانے کے بدلتے تقاضوں اور سماجی ومعاشرتی ضرورتوں کے تحت مجبوراً وشواہد تصویریں لی جاتی ہیں۔ پاسپورٹ، شناختی کارڈ، راشن کارڈ، آدھار کارڈ اور دیگر سماجی مقاصد کے لئے تصویریں لینا پڑتا ہے۔ تصویر لینے کا رواج عام ہے۔ آج تک گونج ادبی البم نہج پر ایسا کام شاید ہی ہوا ہو۔ جمیل نظام آبادی کی ذہن کی اختراع ہے کہ انہوں نے ادبی البم شائع کیا ہے۔ یہ ادبی کاوش تاریخی دستاویز بن گئی ہے ( کیونکہ انگریزی ادب میں اس طرح کا البم ابھی تک تادم تحریک تک مفقود ہے۔ البتہ علاقائی وریاستی زبانوں میں ہوسکتا ہے لیکن انگریزی جیسی عالمی زبان میں ادبی البم مفقود نظر آتا ہے )۔ (ادبی البم میں جمیل نظام آبادی نے 155 قلم کار۔ (شاعر وادیب ) کا تعارف وشخصیت کے مختلف پہلوؤں کو پیش کیا ہے۔ ) یہ ادبی البم اکتوبر 2011ء کو شائع ہوا۔ اس میں 155 ادیبوں وشعراء اور قلمکاروں کا مختصر تعارف ہے۔ وطن، پیدائش، تصانیف، مشاغل، ادبی سرگرمیاں، مصروفیات وغیرہ کو شامل کیا گیا۔ اس میں قدیم، جدید اور اوسط درجہ کے شعراء ادیب قلمکاروں کو یکجا کیا گیا۔ ان کی تصانیف اور زندگی کے اہم گوشوں کو آشکار کیا گیا ہے )۔ میری دانست میں گونج ادبی ایڈیشن ادب میں اچھی اور جدید کاوش ہے۔ اس طرح کا کام شاید ہی ماضی میں ہوا ہو لیکن 21 ویں صدی میں جمیل نے کر دکھایا ہے۔ جمیل نظام آبادی اداریہ ''حرف جمیل'' میں یوں رقم طراز ہیں کہ ''ادارہ گونج کی درخواست پر جن قلمکاروں نے تعاون کیا۔ اپنی تصاویر اور تعارف روانہ کیا۔

وہ اس البم کی صورت میں آپ کے ہاتھ میں ہے۔ ہمیں خوشی ہے کہ سینئر اور نامور قلمکاروں کے ساتھ ساتھ اس البم میں جواں سال اور نئے لکھنے والوں کی تصاویر بھی شائع کی گئی ہیں کہ ان متبدی قلمکاروں کی حوصلہ افزائی ہو اور وہ آگے بڑھ کر اپنی شناخت قائم کرسکیں کہ آنے والا دور ان ہی کا ہے۔ ہمیں یقین ہے کہ یہ ادبی البم طلباء و نوجوانوں اور خاص طور پر اردو کے ریسرچ اسکالرز کے لئے ادبی دستاویز ثابت ہوگا اور آئندہ نسلیں اس سے استفادہ کریں گی۔'' اس ادبی البم کے مندرجات یقیناً محققین کے لئے کارآمد و کارگر اور ثمرآور ثابت ہوں گے، لیکن ان مندرجات پر مزید تحقیق کرنی ہوگی۔ بعض ادباء و شعراء اپنی پیدائش و سن کی تفصیل نہیں روانہ کی البتہ کتابوں کے نام درج ہیں۔ اس کا دوسرا اور نیا ایڈیشن بھی آئے تو بہت خوب رہے گا۔ اس میں مخدوم۔ شاذ۔ اوج یعقوبی۔ ڈاکٹر علی احمد جلیلی۔ پدم شری عابد علی خاں۔ محبوب حسین جگر۔ اقبال متین۔ ڈاکٹر منشاء الرحمٰن منشاء (ناگپور) خواجہ شوق۔ نظیر علی عدیل۔ حضرت مغنی صدیقی۔ طالب رزاقی۔ پدم شری مجتبیٰ حسین۔ علامہ اعجاز فرخ۔ ڈاکٹر محبوب راہی۔ قاضی مشتاق احمد۔ صلاح الدین نیر۔ رحمٰن جامی۔ مضطر مجاز۔ ڈاکٹر عقیل ہاشمی۔ شاغل ادیب۔ رئیس اختر۔ اثر غوری۔ ڈاکٹر مصطفیٰ کمال۔ ڈاکٹر بیگ احساس۔ ڈاکٹر محسن جلگانوی۔ ڈاکٹر مجید بیدار۔ ڈاکٹر قطب سرشار۔ ڈاکٹر فاروق شکیل۔ علی ظہیر۔ ڈاکٹر محمد علی اثر۔ ڈاکٹر عابد معز۔ گوہر کریم نگری۔ نادر اسلوبی۔ اقبال شیدائی۔ کامل حیدرآبادی۔ سردار۔ سلیم۔ رشید جلیلی۔ میر تراب علی یداللہی۔ ڈاکٹر مسعود جعفری۔ ڈاکٹر محمد بہادر علی۔ امتیاز علی تاج۔ مسعود جاوید ہاشمی۔ محبوب علی خاں اختر۔ ڈاکٹر منیر الزماں منیر۔ ڈاکٹر فہیم احمد صدیقی۔ ڈاکٹر راہی۔ ڈاکٹر عزیز احمد عرسی۔ زاہد قادری۔ نثار احمد کلیم۔ مومن خان شوق۔ ظہیر ناصر۔ حفیظ انجم۔ علی الدین گوہر۔ واحد محسن۔ محمد طارق۔ صادق نوید۔ حامد لطیف ملتانی قادری۔ سید شاہ عبدالوہاب قادری جامی۔ صابر کاغذنگری۔ قدیر طاہر۔ جلال عارف۔ شفیع اقبال۔ سید فاضل حسین پرویز۔ اسحاق ملک۔ ڈاکٹر محمد ناظم علی۔ ڈاکٹر لطیف سبحانی، ڈاکٹر محمد عبدالقدیر، ڈاکٹر محمد مقبول احمد مقبول، ڈاکٹر وحید انجم۔ ڈاکٹر انیس احمد صدیقی۔

ڈاکٹر شیخ سیادت علی۔ حلیم بابر۔ یوسف روش۔ مرزا رفیق شاکر۔ قاضی رؤف انجم۔ احمد سعید اطہر۔ سید عبدالرحمٰن حسینی منیب۔ رحمت سکندر آبادی۔ محسن عرفی۔ یوسف الدین یوسف۔ مسعود مرزا محشر۔ افسر عثمانی۔ محمد خواجہ بے خود۔ نادر المسدوسی۔ اجمل محسن۔ انجم شافی۔ شیخ افضل علی وارثی۔ تاج احمد تاج۔ سلام شاہین کرنول۔ عقیل اسعد۔ زرہ حیدر آبادی۔ تاج مضطر شریف اطہر۔ رحیم انور۔ سید محمد حسینی برتر۔ ڈاکٹر سلیم عابدی۔ محمد بشیر الدین حیدر۔ محمد الیاس حسین نصیب۔ مجید عارف۔ سلطان سبحانی۔ اطیب اعجاز۔ اشفاق اصفی۔ صوفی سلطان شطاری۔ ڈاکٹر احمد حسین خیال۔ فکر نلگنڈوی۔ ڈاکٹر شیخ زبیر احمد قمر۔ ڈاکٹر ناقد رزاقی۔ ڈاکٹر سید مقبول احمد مقبول۔ راجیو دوا۔ اقبال درد۔ تنویر واحدی۔ انور حیات۔ قمر الدین صابری۔ ڈاکٹر محمد حامد علی خاں حامد۔ رحمت کوثر۔ عقیل جمالی۔ طالب خوندمیری۔ پاگل عادل آبادی۔ چکر نظام آبادی۔ شاہد عدیلی۔ اقبال شانہ۔ روشن علی کرنل۔ شیخ احمد ضیاء۔ اوسط نظام آبادی۔ اسد ثنائی۔ سیف الدین غوری۔ رشید لطیفی۔ رحیم قمر۔ صادق احمد صادق۔ نعیم نشتر۔ ریاض تنہا۔ سید محمود تاثیر۔ اظہر کورٹلوی۔ حامد شرفی۔ انور سلیم۔ سکندر شرفی۔ سید علی عادل۔ ابوالحسن حسن۔ اندور عبدالقادر۔ وسیم رومانی۔ معز کریم نگری۔ جلال اکبر۔ نوید عبدالجلیل۔ عبداللہ ندیم۔ خورشید اثر۔ تلیر کریم نگری۔ واحد نظام آبادی۔ معین راہی۔ محمد محبوب احمد خاں محمودی سلطان۔ محمد حمید الظفر۔ جمیل نظام آبادی۔ ڈاکٹر راحت سلطانہ، محترمہ عطیہ طلعت، ضوفشاں سلطانہ شامل ہیں۔ ان میں سے ہر ایک کسی نہ کسی طریقے سے اردو زبان وادب کی آبیاری کر رہا ہے۔ اور زبان کے گیسو سنوارنے میں منہمک و مشغول ہے۔ اس البم کے ترتیب کار جمیل نظام آبادی ان کے معاونین ایم اے حمید، طاہرہ کوثر کو اہل اردو دلی مبارکباد پیش کرتے ہیں۔ اس امید کے ساتھ آئندہ بھی ایک اور ادبی البم جلد سے جلد شائع کریں گے۔ 160 صفحات کا گونج ادبی جو خوبرو بھی ہے اور دلکش بھی ہے۔ ہر اردو خاندانوں کی ضرورت بنے۔ کتب خانوں طالب علموں کے پاس ہوں تو مقصد بر آئے گا۔

اردو ہے جس کا نام ہمیں جانتے ہیں داغ

سارے جہاں میں دھوم ہماری زبان کی ہے

راقم: ڈاکٹر محمد ناظم علی

پرنسپل گورنمنٹ ڈگری کالج موڑتاڑ ضلع نظام آباد

اردو دنیا

محمد ناظم علی، صدر شعبہ اردو، گری راج گورنمنٹ کالج

نظام آباد۔503002 (آندھرا پردیش)

''اردو دنیا'' کا تازہ شمارہ یکم راگست 2007ء کو ہمدست ہوا اور یہ ''اردو دنیا'' کی خاص خوبی ہے کہ وہ وقت پر آ جاتا ہے۔ عالمیت کے اس دور میں دنیا ایک عالمی گاؤں میں تبدیل ہو چکی ہے۔ علم کا پھیلاؤ ہو رہا ہے۔ مختلف علوم وفنون کی ترسیل لمحوں میں انٹرنیٹ کے ذریعہ قاری تک ہو رہی ہے۔ ادب عصری زندگی کا آئینہ ہوتا ہے۔ ہر دور کا ادب اپنے عہد کی ترجمانی کرتا ہے۔ اگر ادب میں ماضی میں جام جمشید کا ذکر آیا ہے تو اس کی ترقی یافتہ شکل یا اس سے اخذ کردہ نئی ایجاد انٹرنیٹ ہے، جس میں پورا عالم ایک اسکرین پر دکھائی دیتا ہے۔ ایسا ہی کردار ''اردو دنیا'' ادا کر رہا ہے۔ اس میں صرف ادب ہی نہیں بلکہ مختلف علوم وفنون پر مضامین شائع کئے جارہے ہیں۔ اسے پڑھ کر قاری کو مکمل تسکین ہوتی ہے کہ وہ ہر قسم کے علوم سے آگاہی حاصل کرتا ہے۔ یہ رسالہ اردو قاری کو عصری مطابقت پیدا کرنے کی کوشش میں منہمک ہے۔ اس کے مضامین مسابقتی امتحانات کے لئے بھی کارآمد ہیں۔ اردو کا شاید ہی کوئی رسالہ اپنے دامن میں اس طرح کا مواد لئے ہو۔ یہ وقت کا تقاضہ بھی ہے اور کامیابی وکامرانی کا اہم زینہ بھی۔ ہر اردو خاندان میں اس کی موجودگی سے منزلوں کا حصول آسان ہو جائے گا۔ ہر اردو داں کا فرض ہیکہ وہ اس کا خریدار بن کر اس کے مشن کی تکمیل میں تعاون کرے اور اس سے کماحقہ استفادہ کرے۔ زیر مطالعہ شمارہ ماہ اگست 2007ء کا ہے۔ اداریے میں اہم باتیں کہی گئی ہیں۔ اردو والوں کا یہ

خیال کرنا کس قدر غلط ہے کہ اردو پڑھنے سے ہمارے بچے دوسرے بچوں سے پچھڑ جائیں گے۔ روزی روٹی کے معاشی تصور کی بناء پر ہی اردو والے انگلش کی طرف راغب ہوگئے ہیں تو ہمیں چاہئے کہ ملکی و قومی سطح پر انگلش میڈیم اسکولوں میں اردو ایک مضمون کے طور پر رائج کرنے کی کوشش کریں۔ دور آ گیا ہے زبانوں کو معاشی تناظر میں دیکھنے کا۔ حالانکہ زبان شخصیت سازی اور کردار سازی کا بہترین ذریعہ ہے۔ آج بھی ماہرین تعلیم یہی کہتے ہیں کہ بچے کو مادری زبان سکھانی چاہئے۔ شمس الرحمٰن فاروقی صاحب کا کالم معلومات کا خزانہ ہوتا ہے۔ اس کالم کے ذریعہ قاری کو لسانی اور ادبی باریک سے باریک معلومات حاصل ہو رہی ہیں۔ جناب خالد سعید کا مضمون ''اردو: مضمون کے ذریعہ تعلیم'' میں بہت صحیح باتیں کہی گئی ہیں۔ ''غیر اردودانوں کے لئے اردو رسم الخط کا تعارف'' بھی اچھا مضمون ہے۔ اردو رسم الخط بہت سادہ ہے۔ آسانی سے سیکھا جا سکتا ہے۔ محمد وجیہ الدین جمال نے ''مغربی بنگال میں اردو کی صورتحال'' پر روشنی ڈالی ہے۔ آغا حشر کاشمیری کی غزل گوئی کے حوالے سے شہپر رسول نے نئی دریافت کی ہے۔ آغا حشر کاشمیری ڈرامہ کے حوالے سے پہچانے جاتے ہیں لیکن غزل میں بھی وہ اہم مقام رکھتے ہیں۔ یہ نئی بات معلوم ہوئی۔ اردو نے یقیناً 1857 کی جدوجہد آزادی میں حرکیاتی رول ادا کیا۔ ''پھولوں والوں کی سیر'' دلی کی تہذیب کا آئینہ ہے۔ قومی یکجہتی کے فروغ کا وسیلہ۔ ''ماحول کے مضر اثرات'' سلگتا ہوا موضوع ہے اور اچھا تجزیہ کیا ہے۔ ہر قسم کی آلودگی سے انسانی زندگی کو خطرہ لاحق ہے۔ شجر کاری اور جنگلات کو فروغ دینا ہوگا۔ ماحولیاتی عدم توازن کی وجہ سے ہی فطرت برہم ہے اور اس کے مضر اثرات موسم میں تبدیلی، سیلاب سونامی وغیرہ بن کر آ رہے ہیں۔ یہ انسانی عمل کا نتیجہ ہے کہ وہ فطرت میں بے جا مداخلت کر رہا ہے، جس سے عدم توازن پیدا ہو رہا ہے۔

محمد ناظم علی صدر شعبہ اردو گری راج کالج نظام آباد آندھرا پردیش

''اردو دنیا'' کا مئی 2007ء کا شمارہ یکم رمئی 2007ء کو ہمدست ہوا۔ بروقت ملنے سے آسودگی حاصل ہوئی۔ اس رسالے کی انفرادیت یہ ہے کہ اس کا مواد قاری کو عصری دنیا میں لے جاتا ہے۔ اردو کے لئے ایسا ہی رسالہ ضروی ہے۔ اس کے مشمولات مختلف علوم وفنون پر مبنی ہوتے ہیں۔ عالم گیریت و آفاقیت کے اس دور میں اردو والوں کو عصری حالات سے واقفیت کے لئے''اردو دنیا'' پڑھنا ضروری ہے۔ نالج سوسائٹی کے اس زمانے میں ''اردو دنیا'' ایسا مواد فراہم کررہا ہے کہ جس سے فیض اٹھا کر اردو والے متنوع علوم وفنون حاصل کر سکتے ہیں۔ تعلیم، تجارت، ادب اور دیگر موضوعات پر مشتمل مضامین عصری اہمیت لئے ہوتے ہیں۔ سید فضل اللہ مکرم کا مضمون میں نے بہت توجہ سے پڑھا۔ عموماً ہم درخواست یوں ہی لکھ دیتے ہیں لیکن درخواست لکھنا واقعی ایک فن ہے۔

ماہنامہ''اردو دنیا'' کا تازہ شمارہ (جون 2007) میں موصول ہوا۔ اس کے کچھ مشمولات اوران کی ترتیب بہت سلیقے سے کی گئی ہے۔ زبان، تعلیم اور ادب کے تحت اردو تعلیم کے تعلیمی مسائل اور درسی موقف کو پیش کیا گیا۔ ریاست جموں، کشمیر میں اردو تعلیم بھی بہت خوب ہے۔ ہر ریاست میں اردو کے موقف پر اس طرح کے مضامین شائع ہوں تو ہمیں معلوم ہوگا کہ پورے ملک میں اردو کا عمومی موقف وتناسب کتنا ہے اگر کم ہے تو اس کی وسعت اور چلن کے لے پلاننگ اور کتابی منصوبے بنانے ہوں گے۔ اردو کے سرکاری موقف اور دوسری سرکاری زبان بنانے کیلئے ہر ریاست کی اردو تنظیمیں اور تہذیبی اہمیت بہت خوب ہے۔ مجاہدین آزادی کے تحت کئی مشاہیر پر مضامین شامل اشاعت ہیں، جن میں 1857 کی جنگ آزادی کے ہیرو اور سورماؤں کے کارناموں پر روشنی پڑتی ہے۔ محمد محمود فیض آبادی نے ماحولیاتی تحفظ کے موضوع پر روشنی ڈالی ہے۔ ماحولیات کے عدم توازن سے ہی موسم شدید تر ہتے جارہے ہیں۔ فطرت میں

مداخلت سے انسانی زندگی عدم توازن کا شکار ہوجائے گی۔ باقی ذیلی عنوانات کے تحت جو مضامین و نگارشات شائع ہوئے ہیں وہ بھی فکر انگیز اور بصیرت افروز ہیں۔ اردو دنیا 21 ویں صدی کی عصری ضرورتوں کو پورا کر رہا ہے۔ اگر اردو قاری و طالب علم اس سے استفادہ کریں تو وہ عصری ماحول میں اپنا مقام بنا سکیں گے۔ خاص کر مسابقتی دنیا میں کامیابی و کامرانی کے لئے اردو دنیا سے استفادہ لازمی ہے۔

محمد ناظم علی، صدر شعبہ اردو، گری راج گورنمنٹ کالج، نظام آباد، اے پی۔503002

''اردو دنیا'' کا تازہ شمارہ (جولائی 2007) کا 30 جون 2007ء کو ساڑھے گیارہ بجے کالج پر حاصل ہوا۔ تازہ شمارے کا انتظار قاری کو بہت بے چین کرتا ہے کیونکہ اس میں مواد تازہ اور نیا ہوتا ہے۔ تازہ شمارہ ملتے ہی مسرت ہوتی ہے۔ ''اردو دنیا'' ظاہری اور باطنی اعتبار سے اتنا حسین اور خوبصورت ہوتا ہے کہ قاری محو ہوکر رہ جائے۔ اس رسالے کی ایک خوبی یہ ہیکہ اس میں نہ صرف ادب بلکہ زبان اور تعلیم، تاریخ و ثقافت، صحافت، شخصیت، انٹرویو، کیریئر، انٹرنیٹ وغیرہ عنوانات کے تحت بڑے فکر انگیز اور بصیرت افروز مضامین شائع ہوتے ہیں۔ ''ہماری بات'' کے تحت اداریے زبان وادب کے مسائل پر فکر انگیز ہوتے ہیں۔ زیر نظر شمارے میں ''ہماری بات'' میں اردو کی نصابی کتابیں بروقت دستیاب کرانے کا ذکر ہے۔ پتہ نہیں ان مسائل سے اردو کو کب چھٹکارا حاصل ہوگا۔

شمس الرحمٰن فاروقی صاحب کا کالم ''اچھی اردو، روزمرہ، محاورہ، صرف'' بہت معلوماتی ہوتا ہے جس میں موصوف مشکل سے مشکل سوالات کے جوابات دانشورانہ انداز سے دیتے ہیں۔ لسانی اور ادبی معلومات سے بھرپور اس کالم کو جاری رکھیں۔ یہ کالم ادب کے طالب علموں کے لئے بے حد سود مند ہے۔

ایم آئی ساجد کا مضمون ''پرائمری سطح پر اردو کا نثری نصاب'' بہت معلوماتی ہے۔ ان کی تجاویز عملی حیثیت سے غور کرنے کی ضرورت ہے۔ انگریزی میڈیم کی ابتدائی جماعتوں میں جو طرز تدریس اپنایا جاتا ہے ویسا ہی اردو میں بھی ہو تو معیار بننا شروع ہوسکتا ہے۔ لیکن ہم لوگ روایتی انداز اپناتے ہیں لہٰذا اسے بدلنے کی ضرورت ہے۔ ایم نسیم اعظمی کا مضمون جس میں عربی مدارس کے اساتذہ کیلئے تربیتی اداروں کے قیام کی ضرورت پر زور دیا گیا ہے بہت اہم مضمون ہے۔ اردو کی طرح عربی مدارس میں بھی روایتی انداز سے تعلیم دی جاتی ہے بلکہ وہاں کے اساتذہ

غیر تربیت یافتہ بھی ہوتے ہیں۔ ان کو بھی دیگر مضامین کے اساتذہ کی طرح ٹریننگ دی جائے اور ماہر بنایا جائے، یہ ضروری ہے۔ ''بے در و دیوار: سید احمد شمیم کا تازہ کلام'' کا جناب شمس الرحمٰن فاروقی نے عمیق محاکمہ کیا ہے اور سیر حاصل تنقیدی جائزہ لیا ہے۔ انور محمود خالد کا مضمون ''مشاہدات زنداں: مولانا حسرت موہانی کی آپ بیتی'' مختصر ہونے کے باوجود معلومات افزا ہے۔ حسرت نے جیل کی صعوبتیں کس خندہ پیشانی سے برداشت کیں، اس سے ان کی حوصلہ مندی اور آزادی وطن کے لئے تڑپ کا اندازہ ہوتا ہے۔ اقتدار اعالم کا مضمون ''اردو زبان اور 1857ء کی بغاوت'' بھی معلومات افزا ہے۔ فضل الرزاق خاں ارشد نے اپنے مضمون ''جنون کی حکایات خوں چکاں'' میں 1857 کے ایک مجاہد میر عالم خاں کا ذکر کیا ہے، جنہوں نے آزادی وطن کیلئے اپنی جان قربان کر دی۔ مضمون سے یہ اطلاع بھی ملی کہ میر عالم خاں صاحب مضمون نگار فضل الرزاق خاں ارشد اور ''اردو دنیا'' کے اعزازی مدیر مخمور سعیدی کے بزرگوں میں سے تھے۔ پروفیسر ابن کنول نے عرب کے بدوی اور ہندوستان کے دیہی سماج کا تقابلی تجزیہ پیش کیا ہے۔ آج بھی دیہی سماج میں ایسا ہی ہوتا ہے۔ افتخار الزماں نے ''قومی یکجہتی اور اردو ذرائع ابلاغ'' میں اردو پرنٹ میڈیا کے اس کردار کو بخوبی نمایاں کیا ہے جو شروع سے قومی یکجہتی اور ذہنی ہم آہنگی کے فروغ کو اپنا شعار بنائے ہوئے ہے۔ ''جام جہاں نما'' سے آج تک مشترکہ تہذیبی اقدار کی تعمیر و تشکیل میں اردو ذرائع ابلاغ پیش پیش رہے ہیں۔ ڈاکٹر وہاب قیصر نے مولانا ابوالکلام آزاد کے سیاسی افکار اور تعمیری ذہن کو معتبر حوالوں سے سمجھانے کی کوشش کی ہے۔ ڈاکٹر وزیر آغا سے اسد فیض کا مکالمہ بھی خوب ہے۔ اس میں تنقید، تحقیق اور تخلیقی ادب کی موجودہ صورتحال کو حقائق کی روشنی میں پیش کیا گیا ہے۔ اس طرح کے انٹرویو آئندہ بھی شائع ہوں تو ادب کا قاری فیض حاصل کرے گا۔ رسالے کے دیگر کالم بھی سودمند اور کارآمد ہیں۔ یہ رسالہ اردو والوں کو روایتی ماحول سے نکالنے کا ایک اہم وسیلہ بن گیا ہے، جو ادبی بصیرت کے ساتھ عصری آگہی بھی عطا کرتا ہے۔

محمد ناظم علی، صدر شعبہ اردو گری راج کالج نظام آباد، آندھرا پردیش

جنوری 2008ء

اتر اترے کنارے جب کارواں ہمارا

سیاست کا آپ کا کالم

محمد فیروز الدین صدیقی: پربھنی

پرانا پل اوراس کی تاریخی تاسیس

اخبار سیاست 6 نومبر کے آپ کے کالم میں پرانے پل اور بھاگ متی کے تعلق سے ڈاکٹر زور کی کتابوں سیر گولکنڈہ اور گولکنڈہ کے ہیرے میں جو کچھ لکھا ہے اس کی تکذیب تردید میں پروفیسر ہارون خاں شروانی اور بعض دوسرے حضرات نے جو کچھ لکھا وہ بھی پڑھنے میں آیا۔ زور صاحب کی زندگی ہی میں بعض لوگوں نے ان کے سامنے ان باتوں کی تکذیب اور تردید کی تھی۔ زور صاحب ان کی باتیں سن کر مسکرا دیا کرتے تھے۔ اپنی دلیل میں کچھ نہیں کہتے تھے۔ 6 نومبر کے آپ کے کالم میں گذشتہ تاریخوں کے جو حوالے دیئے گئے ہیں وہ ان معترضین کو مطمئن کرنے کافی ہیں۔

سات سال کی عمر میں کسی کی محبت میں گرفتار ہونا کچھ بعید از قیاس نہیں اس عمر میں ایک معصوم سی چاہت ضرور پیدا ہوتی ہے۔ جس کا ہوش سے کوئی تعلق نہیں ہوتا۔ یہی چاہت عمر کے ساتھ آگے بڑھ کر عشق تک پہنچ جاتی ہے اور ہوس بھی ایک آسیب کی طرح سے اس سے چمٹ جاتی ہے۔

محمد قلی قطب شاہ کی ماں جب ایک تلنگن عورت تھی تو بیٹے کے دل میں بھی ایک تلنگن سے محبت ہونا کوئی بعید از قیاس نہیں۔ یہاں ایک نفسیاتی نکتہ بھی پیش نظر رہے کہ اپنے خاندان کی ایرانی النسل گوری خوبصورت دوشیزاؤں کے سامنے اس سانولی رنگت کی میانہ قد کی لڑکی نے کیسے شہزادے کا دل جیتا شاید اس کی وجہ ایرانی دوشیزاؤں کے مصنوعی رکھ رکھاؤ اور عشق اور مزاولت کے پالے ہوئے تبسم شہزادے کے دل میں جگہ نہ پا سکے ہوں جہاں بےساختگی اور الھڑ پن عنقا ہوتے ہیں اور یہی چیز دل ربائی کا باعث ہوتی ہے۔ گولکنڈہ کے ذرے ذرے اور ایک ایک پتھر سے زور صاحب کے عشق اور واقفیت کی ایک مثال آپ کے سامنے پیش کرتا ہوں۔

سر علی امام کے پوتے انعام امام نے کراچی سے زور صاحب کو خط لکھ کر سید نعمت اللہ شاہ ولی کے مزار کی تصویر اور مزار کے کتب کا چربہ بھیجنے کی فرمائش کی جمعہ کے دن ابھی ہم ناشتہ سے فارغ بھی نہ ہوئے تھے کہ زور صاحب میرے بڑے بھائی پروفیسر اکبر الدین صدیقی صاحب کے گھر پر آ دھمکے اپنا مدعا بیان کیا اور گولکنڈہ چلنے کی خواہش کی۔ بھائی صاحب نے کہا ابھی تو ناشتہ بھی نہیں کیا ہے زور صاحب نے کہا کہ میں بھی ویسے ہی آ گیا ہوں دستر خوان تیار تھا انہیں اندر لایا گیا اور دستر خوان پر بٹھا دیا گیا انہوں نے بڑے ہی نفیس انداز میں مسکراہٹ کی پھلجھڑیاں چھوڑتے ہوئے ماش کی دال اور قاگینہ سے دو چپاتیاں کھائیں چائے پان سے فارغ ہو کر گولکنڈہ چلے میں ڈرائیور کے بازو اگلی سیٹ پر بیٹھ گیا پچھلی سیٹ پر زور صاحب اور اکبر الدین صاحب بیٹھ گئے گولکنڈہ میں قبر سے 200 قدم دور گاڑی روکی گئی زور صاحب اپنی ٹسر کی بادامی شیروانی کی نزاکت کا خیال کئے بغیر دھتورے اور دوسرے خاردار جنگلی جھاڑیوں سے بچتے بچاتے مزار پر پہنچے پہلے فاتحہ دی چہرا پسینہ آلود ہو گیا تھا دستی سے صاف کیا اور پھر کتبہ کی طرف بڑھے میں نے اور اکبر الدین صاحب نے کتبہ پر کاغذ پھیلا دیا اور زور صاحب نے بدست خود ایک نیلے رنگ کی صابن نما ٹکیہ کاغذ پر پھیرنے لگے۔ جب حاشیہ سمیت پورا چربہ کاغذ پر اتر گیا تو سب نے دیکھا چربہ کا رنگ ہلکا سنہری ہو گیا ہے نہیں معلوم یہ نعمت اللہ صاحب کی کرامت تھی یا آسمان پر پھیلے ہوئے سنہرے بادلوں کا عکس بہت دنوں تک زور صاحب اس واقعہ پر حیران رہے یہ تھی ان کی گولکنڈہ کے ذرے ذرے سے واقفیت اور محبت 6 ر نومبر کے مضمون نگار کی تحریر پڑھ کر میرے دل سے دعائے خیر نکلی۔

نام نیک رفتگان مکن

تا بماند نام نیکت برقرار

محمد ناظم علی۔ نظام آباد

مشاعرے کے سامعین

مشاعرے زبان وادب کے فروغ کا صرف باعث نہیں ہوتے بلکہ ہماری تہذیب کا اہم عنصر بھی ہیں اور سماج کی ذہنی آبیاری و تربیت کا وسیلہ بھی ہیں۔ شعروشاعری کی قدیم زمانے میں بہت زیادہ وقعت تھی۔ اب دور حاضر میں بھی ادب خاص کر شعروشاعری کی قدر و منزلت میں فرق نہیں آیا البتہ شعر کا ذوق وشوق رکھنے والوں کی تعداد بتدریج کم ہوتی جارہی ہے۔ اس کی مثال دور حاضر کے مشاعرے کے سامعین ہیں خاص طور پر وہ گروپ جو مشاعرے میں ہوٹنگ کرتا ہے ایسے سامعین کے ادبی ذوق و معیار کا پتہ تب لگ جاتا ہے جب وہ رکیک جملے شعراء حضرات پر کستے ہیں۔ جملے اور فقرے بازی میں بھی ادبیت ہونا چاہئے وہ ایسے جملے یا فقرے کستے ہیں جس سے شاعر کی شخصیت مجروح ہوجاتی ہے۔ مشاعرہ سننے والوں میں سماج کے تمام طبقات تو شامل ہیں لیکن شاعر کے کلام کو نہ سمجھنا، مفہوم سے بے رخی برتنا، اثر قبول نہ کرنا اخلاق سے پرے بات ہے۔ دوسرے یہ کہ مشاعرہ پڑھنے والے شعراء میں بعض آواز کا جادو جگاتے ہیں تو بعض نغمگی کے تحت کم حیثیت کے کلام کو مؤثر بنادیتے ہیں۔ بعض سامع ہلکے پھلکے شعر پر داد دیتے ہیں تو بعض سامعین آواز کی نغمگی سے داد تحسین بلند کرتے ہیں۔ ہر دو حضرات ادبی شوق و ذوق کے ساتھ مشاعرے میں اچھا سماں و ماحول پیدا کرنے کی کوشش کریں۔

4 ستمبر 2000ء

نفس کا ہوتا ہے ذہن پر زور ڈالا تو معلوم ہوا کہ جھینگر اور Gross Hopper ہوتا ہے پتہ نہیں کائنات اور کونسی وکس نوع کی مخلوقات ہوں گی جن کا سفید لہو جسم میں دوڑتا ہوگا۔ اکثر ہم اپنی گفتگو محاورتاً کہتے ہیں کہ دنیا کا خون سفید ہوگیا کسی کی بے رخی، خودغرضی اور سردمہری یا غیریت حد درجہ انجان بن جانا یا تجاہل عارفانہ سے کام لینا وغیرہ سفید خون جیسے محاورہ اصطلاح سے معنون کرتے ہیں موصوفہ کے مضمون ماحصل یہ ہوگا کہ خونی رشتہ اور اپنے رشتوں میں رخنہ و

دراڑیں کس طرح در آ گئی ہیں خود انہوں نے ماوٴں اور دوسرے ہمدرد حضرات کی مثالیں دے کر یہ بتلانا چاہتی ہیں کہ اب بھی ہمارے سماج میں ایسے حضرات و لوگ ہیں جو ہمدرد اور رشتوں کا پاس لحاظ رکھتے ہیں۔ ان کے مطابق ابھی دنیا کا خون سفید نہیں ہوا یقیناً سماج میں ایسے پرخلوص اور خونی رشتوں کی پاسداری کرنے والے لوگ موجود ہیں لیکن ایسے لوگوں کا تناسب گھٹا جا رہا ہے۔ پیسہ اور مادی ہوا و ہوس نے خونی رشتوں پر پانی پھیر دیا ہے۔ مادیت کی وجہ سے سماجی اخلاق و آداب تبدیل ہو گئے ہیں۔ ہندوستانی سماجی ڈھانچہ کا یہ خاصا ہو گیا ہے کہ اپنے لوگ اپنے قرب میں رہ کر بھی مدد پر تیار نہیں ہوتے لوگوں کو مصیبت میں دیکھ کر خوش ہوتے ہیں۔ اجی دور کیوں جائیے بیٹا باپ کو شادی میں مدعو نہیں کرتا مختلف بہانے کر کے شادی رچا لیتا ہے۔ بعد میں باپ کو معلوم ہوتا ہے کہ بیٹے نے شادی کر لی۔ عصری دور میں میاں بیوی کے رشتہ بھی کمزور ہوتے جا رہے ہیں۔ اب دونوں کا وجود بندھن Needs کے برابر ہو گیا ایسا زمانہ آ گیا ہے کہ خونی رشتوں میں رخنہ پڑ رہے ہیں۔ ایک زمانہ تھا خاندان کا شکار ہو جائے تو تمام لوگ جمع ہو جاتے تھے اہل محل اور عزیز و اقارب کا تانتا بندھ جاتا تھا لیکن آج حال یہ ہے کہ کوئی پوچھتا ہی نہیں۔ میرے مشاہدے میں کئی واقعات و تجربات ہیں۔ تبصرہ میں طوالت سے گریز و اجتناب کر رہا ہوں ورنہ سفید خون والے واقعات و حوادث کا ذکر کروں تو دفتر ہو جائے بہر حال سعد یہ مشتاق صاحبہ کا مضمون سفید خون قارئین کیلئے عبرت آموز اور اصلاح کے قابل ہے۔ رشتوں کو سمجھنے اس کی پاسداری کا درس ہمیں ملتا ہے ورنہ آج سماج میں ہم دیکھتے ہیں کہ اخلاص، نیکی، خونی رشتوں کی پاسداری اور مروت، ہمدردی بتدریج بہت کم ہوتی جا رہی ہے۔ ایسے اقدار و جذبوں کے احیاء کے لئے ہمیں کوشش کرنی چاہئے جس سے انسانیت کو مدد ملے اور انسانی قدریں پرورش و فروغ پا سکیں۔

محمد ناظم علی۔نظام آباد

## ادب میں معنی کی تکثیریت

ادب زندگی کا عکاس وترجمان ہوتا ہے۔سماجی اور معاشرتی اور سیاسی زندگی کی تعبیرات ادب میں ناگزیر ہے۔ادب برائے زندگی کے نظریات کے حامل دانشور ادیب ادب کو زندگی کا حقیقی ترمان گردانتے ہیں لیکن ادب خاص کر شاعری میں معنی کی تکثیریت کا مسئلہ پیدا ہوجاتا ہے اور شاعر کا مفہوم ومعنی قاری کے لئے مغالطہ کا باعث بن جاتے ہیں۔تخلیقی عمل وتخلیقی جواز معنی پہلی مرتبہ متعین کرلیتے ہیں۔تخلیق کار کے شعور میں معنی تخلیقی عمل سے پہلے متعین ہوجاتے ہیں لفظ کی تخلیق وتشکیل کے ساتھ ساتھ معنی مرتسم ہوجاتے ہیں۔شاعری میں معنی کی تکثیریت کا مسئلہ اب سے نہیں قدیم زمانے سے رائج ہے۔شبلی نعمانی اور مولانا الطاف حسین حالی نے اس پر بہت بحث کی ہے۔پھر بھی ادب میں یہ بحث طلب امر ہے کہ متن کے کوئی مخصوص معنی متعین کیوں نہیں۔ ادب کا قاری کب تک معنی کی بھول بھلیوں میں بھٹکتا رہے گا۔ادب میں ترقی پسندوں کی تحریک کے روح رواں ادیب وشاعر کے یہاں کوئی مخصوص معنی ومفہوم مقرر نہیں۔جس طرح ادبی رجحانات اور تعبیرات میں حتمی فیصلہ وثبوت پیش کرنا مشکل ہے۔اسی طرح معنی ومفہوم کو اخذ کرنا بھی مشکل مرحلہ۔معنی کی تکثیریت کی وجہ سے شاعر کی انا مجروح ہوجائے گی۔اس کا مطمع نظر دھندلا ہوجائے گا۔اس کا مافی الضمیر کچھ اور کہنا چاہتا ہے اور قاری کچھ اور سمجھ بیٹھے گا۔اردو شاعری میں بیسیوں ایسے اشعار ہیں جس کا مفہوم مختلف جہتیں لئے ہوئے ہے۔قدیم ومتاخرین اور جدید شعراء کے یہاں یہی عمل کارفرما ہے۔ایسے حالات وتناظر میں ادب کی حقیقت و اصلیت فہم افسانوی بن کر رہ جائے گی۔حقیقت کے اس دور میں ادب،فسانہ نہ بن جائے۔ آدھی جھوٹی آدھی سچی ادب کی خوبی رہ جائے گی۔تخلیق کے اصل معنی ومفہوم تک رسائی کے لئے کوئی پیمانے بھی نہیں اور نہ تنقیدی ضوابط وقواعد موجود ہیں۔عملی تنقید اور نظری تنقید بھی ہماری مدد نہیں کرپاتی۔مذکورہ بالا مسئلہ آج تک جوں کا توں باقی ہے۔اس تعلق سے بحث غیر مختتم محسوس

ہوتی رہے گی۔ کوئی بھی تخلیق شاعر کے ذہن کی پیداوار ہے۔ قاری سمجھے گا پڑھے گا اثر قبول کرے گا لیکن شاعر کے ذہن تک پہنچنا محال ہے۔ سوائے خدا کے کسی کو رسائی نہیں۔ اس کی تخلیق کے ذریعہ اس کا مطمع نظر اور عندیہ کو ظاہر کرنا مشکل ہی نہیں ناممکن ہے۔ لہٰذا ادب کے دانشوروں اور آزمودہ کار تنقید نگاروں کے لئے دعوت فکر ہے کہ وہ اس مسئلہ پر روشنی ڈالیں اور یہ بھی بتلائیں کہ شاعر کے شعر کے ذریعہ شاعر کے پیش نظر مفہوم تک رسائی کیسے ہو۔ عام قاری شعر کے اصل معنی و مفہوم تک پہنچنا چاہتا ہے۔

محمد ناظم علی نظام آباد

اترا ترے کنارے......؟

سیاست مورخہ 4 فبروری سیاست فورم کے تحت ایک بحث چھڑ گئی جس میں اقبال کے ایک شعر پر مختلف مکاتب فکر رکھنے والے حضرات اپنی رائے کا اظہار کر رہے ہیں شعر اس طرح ہے

اے آب رود گنگا وہ دن یاد ہے تجھ کو

اترا ترے کنارے جب کارواں ہمارا

ترانہ ہندی نظم کا یہ شعر شاعر کے تخیل کی کس طرح نشاندہی کر سکتا ہے اے دریائے گنگا کیا تجھ کو وہ دن یاد ہے جب تیرے ساحل کنارے پر ہمارا کارواں قافلہ اترا۔ یہاں ہم کارواں ہمارا سے کیا مراد لیں۔ اگر آریا وسط ایشیاء سے ہندوستان آئے تو پھر شمالی ہندوستان دریائے گنگا کے کنارے پڑاؤ ڈالا۔ ویسے آریاؤں کا پیشہ گلہ بانی اور مویشی پالنا تھا۔ مویشیوں کے لئے ہری گھاس و پانی ضروری تھا لہٰذا ان لوگوں نے گنگا کے کنارے و دامن کو اپنا مسکن بنایا ہوگا۔ راقم کا ذہن پرواز کرتے کرتے وہاں آکر رک گیا کہ ہندوستان کے قدیم نسل کے باشندوں میں آسٹرک تو نہیں تھے۔ ہندوستانی قدیم نسلوں کا جائزہ لیں تو آسٹروک دراوڑی اور آریاؤں کا ذکر ملتا ہے حالانکہ مذکورہ نسلیں باہر سے آکر یہاں بس گئی تھیں۔ ہند کی سرزمین سوائے زمین کے کچھ نہ کچھ تھی۔ مختلف وقتوں میں مختلف نسلیں یہاں آکر آباد ہوگئیں۔ تاریخ کی کتابوں میں سوائے اس کے اور کسی نسل کا ذکر نہیں تو پھر اقبال کا تخیل محدود تھا کہ وہ صرف آریاؤں کو (کارواں ہمارا) کہنے پر اکتفا کیا ہو تو پھر ہم کیسے کارواں ہمارا کی تشریح کر سکتے ہیں۔ محمد بن قاسم سندھ (ملتان) پر 721 میں حملہ کیا تو پھر اقبال اس شعر کے ذریعے سے کس کارواں کی بات کرتے ہیں ان کے ذہن میں کارواں سے کیا مراد ہے۔ انہوں نے کارواں ہمارا کہا ہے کس طرف اشارہ کرتا ہے۔ گنگا کی وادیوں (کناروں) پر صرف آریا آباد تھے۔ یا دوسری نسلوں کے

باشندہ بھی گنگا کے کنارے آ کر آباد ہوئے تھے۔

محمد ناظم علی۔نظام آباد

## غزل میں ضمائر سے اصل موضوع مشکوک

غزل کے لغوی معنی جب جنگل میں شیر کسی ہرن پر حملہ کرتا ہے تو اس کے گلے سے ایک آواز نکلتی ہے اسے غزل کہتے ہیں۔لیکن غزل کا ایک مفہوم وتعریف یہ بھی ہے کہ معشوق سے باتیں اور معشوق کی باتیں غزل کہلاتی ہے۔عورت سے بات چیت اور عورتوں کی باتوں کو پیش کرنے کو غزل کہتے ہیں۔قلبی احساسات وجذبات اور واردات کی عکاسی غزل کہلاتی ہے۔اس کے علاوہ غزل میں سیاسی سماجی تمدنی حکمت ومعرفت کے مضامین پیش کئے جاتے رہے ہیں۔اس طرح غزل کا مفہوم وسیع و بے کراں ہوگیا اور اس میں وسعت پیدا ہوتی گئی۔اردو کی روایاتی غزلوں کا موضوع محبوب یا معشوق ہے۔میر کے غزلوں کے تعلق سے یہ کہا جاتا رہا کہ میر نے غزل کو صحیح معنوں میں غزل بنادیا جس کے معنی عورتوں سے باتیں اور عورت کی باتیں۔یہ ضروری نہیں کہ شاعر کسی کی زلف گرہ گیر کا اسیر ہو اور اسی معشوق کو ذہن میں رکھ کر شعر تخلیق کرے۔کیونکہ اردو کی اکثر غزلوں میں بات ضمائر کے تناظر میں کی جاتی ہے۔مثلاً تم وہ اس کا اس کے وہ تجھے آپ۔ان ضمائر سے ہم غزل کے شعر کی صحیح تشریح کرنے سے قاصر رہتے ہیں اور اردو ادب میں جتنی تفسیر وتشریحات ملتی ہیں وہ سب قیاسی ہیں۔شعر میں تم وہ اس کے تجھے کی مختلف ومتنوع جہتیں متعین ہوسکتی ہیں کسی ایک موضوع کی شناخت پر اکتفاء کرنا حقیقی موضوع سے منہ موڑنے کے مترادف ہوتا ہے۔غزل کی تخلیق کا مقصد عورت یا عورت کا سراپا یا مرقع کشی نہیں بلکہ غزل میں تصورات وموضوعات کو متنوع انداز سے پیش کیا گیا ہے۔ذو معنویت اور ابہام وایہام سے غزل کا موضوع متعین کرنے میں مغالطہ کا خدشہ رہتا ہے اور اشارے علامت وکنائے اور ضمائر کی وجہ سے ہم غزل کے اشعار کے ذریعہ سے بھی شاعر کے ذہن تک نہیں پہنچ سکتے اور نہ اس تصور کی بازیافت تک بھی نہیں کرسکتے جس وقت شعر تخلیق ہوا یہاں تک کہ شاعر خود صحیح مفہوم بتلانے سے قاصر رہتا ہے۔اردو ادب کی یہ واحد صنف سخن ہے جو اپنی دلکش اور دل فریب ومرغوبیت کے

باوجود موضوع ومطلب اور مفاہیم کے لحاظ سے اردو کے قاری کو شک وشبہ وتجسس میں مبتلا کردیتی ہے مثلاً ایک شعر جو فیض احمد فیض کا ہے۔

وہ بات سارے فسانہ میں جس کا ذکر نہ تھا
وہ بات ان کو بہت ناگوار گذری ہے

مذکورہ شعر میں ۔ وہ ۔ ان کو۔ ضمیریں کے مفہوم کی وضاحت مشکل محسوس ہوتی ہے۔ شاعر کس چیز کی طرف اشارہ کررہا ہے اگر شاعر کے زمانے اور ماحول کو پیش نظر رکھیں تو یہ اشارہ کسی اہم واقعہ کی طرف ہے روایتی حسن وعشق کے تناظر میں دیکھیں تو وہ محبوب ومعشوق ہے اور محبوب ومعشوق فرض کرلیں تو یہ محبوب مجازی ہے یا حقیقی۔اس کی بھی شناخت ہم ضمائر سے ٹھیک طور پر نہیں کرسکتے۔ البتہ غزل کی تلمیحات سے ٹھیک طور پر نہیں کرسکتے۔ البتہ غزل کی تلمیحات کے ذریعہ سے ہم شاعر کے عندیہ ومدعا تک پہنچ سکتے ہیں لیکن ضمائر کے استعمال سے غزل کا قاری دھوکہ کھا جاتا ہے۔ ہم نے آج تک اردو کی تدریسی جماعتوں میں باقاعدہ شرکت کی۔ بڑے بڑے پروفیسر اور اردو کے استاد نے غزل کی تشریح کی۔تب انہوں نے اپنے لکچر اور خطبہ میں لفظ محبوب ومعشوق کا اظہار کیا۔ معشوق کا روپ ورنگ کسی نے نہیں آشکار کیا اور نہ ہم میں جرأت ہوئی کہ یہ پوچھ لیں کہ معشوق عورت ہے یا کوئی اور چیز۔اب جب کہ اردو زبان وادب میں تنقید کے دبستان موجود ہیں نفسیاتی۔ تاثراتی، سائنٹفک اور اشتراکی۔متنی لیکن پھر بھی غزل کے موضوع کی ہم فطری طور پر آشکار نہیں کرسکتے۔ آج غزل عوامی مزاج کی وجہ سے بدنام ہورہی ہے۔ غزل کو سالم عورت سے منسوب کیا جارہا ہے۔ جب کبھی غزل کا شعر پڑھا گیا یا گنگنایا گیا تو فوراً بے چاروں کے اعصاب پر عورت سوار ہوجاتی ہے لیکن میری دانست وسمجھ بوجھ کے مطابق غزل نہ صرف عورت بلکہ اس سے ماوراچیزوں کو پیش کرتی ہے لیکن انسانی ذہن کی رسائی وہاں تک نہیں ہوسکتی جب کہ شاعر کے ذہن ودل پر احساس وجذبہ مرتسم تھا اور اس وقت کونسا موضوع پیش نظر تھا یہ بتلانا دشوار ہے۔

صلاح الدین شجاعی

غزل میں ضمائر کی بات

گفت باہمی

13 اگست کا اوراق ادب نظر نواز ہوا۔ اس شمارہ میں مختلف ذیلی عنوانات کے تحت تخلیقی نگارشات شائع کی جاتی ہیں۔ ادبی سلیقہ کا پتہ دیتی ہے۔ اخبارات کے ادبی ایڈیشن اپنے جلوں میں مختلف نوعیت کا تازہ وجدت و ندرت پر مبنی مواد شائع کرتے ہیں اور عصری تقاضوں سے ہم آہنگ ہوتے ہیں۔ ڈاکٹر مشتاق احمد کا مضمون جو مقالہ نما ہے، میں منشی پریم چند کی معنویت پر مبسوط و جامع ہے۔ انہوں نے تمہید میں علیت و آفاقیت کے تناظر میں ادب کے تعلق سے بیان کیا ہے کہ ادبی تخلیق اپنے عصر سے مربوط ہوتی ہے اور گذرتے زمانے کے ساتھ اس کی عصری معنویت بڑھ جاتی ہے۔ چنانچہ انہوں نے پریم چند کی تخلیقات اور ان کو 21 ویں صدی کے تناظر میں پرکھنے کی کوشش کی۔ سماجی مسائل تو ہر دور میں یکساں نہیں ہوتے بلکہ بدلتے رہتے ہیں لیکن ان کے افسانوں کے بعض موضوعات و مرکزی خیال کی عصری طور میں مطابقت ہوتی ہے۔ پریم چند گذرتے زمانے کے ساتھ اپنی عظمت باقی رکھ سکتے ہیں۔ محمد قیام الدین نے اردو زبان کا آغاز اور ارتقاء کا اجمالی جائزہ لیا ہے۔ سرسری جائزہ قاری کو وہ بصیرت عطا نہیں کرتا جو جزئیات و تفصیل سے حاصل ہوتا ہے۔ اب تو اردو زبان کے سائنسی و مستند نظریے سامنے آگئے ہیں۔ ڈاکٹر مسعود حسین خاں کہتے ہیں کہ اردو دہلی کے اطراف دو آبہ میں پیدا ہوئی۔ پرورش تو دکن اور شمالی ہند میں ہوئی۔ غزل انتخاب کی شماریات و مشمولات عصری موضوعات و حالات سے لیس ہیں۔ غزل کائنات کی مشمولات غزلیات بھی عصری مسائل سے ہم آہنگ ہے۔ عابد معز کا مستقبل کالم ملکی و عالمی مسائل سے مربوط ہوتا ہے۔ چہرہ چہرہ آئینہ میں ڈاکٹر مجید بیدار نے ڈاکٹر عقیل ہاشمی پر جامع اور تفصیلی مضمون رقم کیا ہے۔ موصوف نے پروفیسر عقیل ہاشمی کی ابتدائی زندگی، پیشہ، روزگار، ملازمت، درس و تدریسی خدمات کو اجاگر کرتے ہوئے ان کی ادبی خدمات

کا کما حقہ جائزہ لیا ہے۔ وہ نہ صرف شاعر، نقاد محقق ہیں بلکہ سماجی خدمت گار بھی ہیں۔ بقول مجید بیدار صاحب عقیل ہاشمی صالح ادب کے نقیب ہیں۔ اس میں ایک ابدی قدر وعمل پنہاں ہے۔ صالحیت آخرت کے درجات بڑے و بلند کرتے ہیں۔ ان پر مضمون پڑھنے کے بعد ایسا محسوس ہوتا ہے کہ ایسے جوہر و گوہر ادب میں موجود ہیں۔ ان کی خاطرخواہ پذیرائی ہونی چاہئے۔ اکابرین ادب میں شمار ہوتے ہیں۔ پاگل عادل آبادی کے تعلق سے کئی ایک نئے انکشافات ہوتے ہیں۔ ان کی آرزو گلوکار بننے کی تھی، لیکن طنز ومزاح کے ذریعہ بین الاقوامی شاعر بن گئے۔ پاگل کی زندگی اور کارناموں کا احاطہ کیا گیا۔ طنزیہ ومزاحیہ ادب فکر انگیز ہوتا ہے۔ اس میں غزل کی طرح اشاروں، کنایوں اور علامتوں کے ذریعہ سماجی وسیاسی دنیا کو پیش کرتے ہیں۔ ''میزان'' تنقیدی وتبصراتی کالم کے تحت تبصرہ نگار ڈاکٹر قطب سرشار نے پروفیسر بیگ احساس کی تنقیدی کتاب ''شور جہاں'' پر تنقیدی مضامین کا اچھا سا تجزیہ کیا ہے۔ کتاب کی ترتیب ومختلف ابواب کے تحت تنقیدی مضامین جو مختلف ادیب، افسانہ نگار، ناول نگاروں وطنز ومزاح کے علمبرداروں پر شائع ہوتے ہیں۔ ان کی تفصیل پیش کی ہے۔ عصری دور میں تنقیدی سرمایہ وتنقیدی کتابیں بہت کم لکھی جارہی ہیں۔ اس تصنیف نے تنقید میں معتبر ومستند اضافہ کیا۔ ''تحقیقات اثر'' پر ڈاکٹر سید فضل اللہ مکرم نے پروفیسر محمد اثر کی تحقیقی تصنیف پر سیر حاصل تبصرہ کیا ہے۔ محمد علی اثر دکنی ادب اور تحقیق کے دانشور ادیب ہیں۔ انہوں نے دکنیات پر خاصہ معیاری کام کیا ہے۔ مبصر نے ان کی تحقیق وتنقیدی بصیرت ولیاقت کو اجاگر کیا تھا۔ انہوں نے بہت لکھا ہے اور معیاری لکھا ہے۔ ''عینی شاہد'' پر ڈاکٹر امین انعامدار کا تبصرہ بہت خوب ہے۔ اوراق ادب کا ایڈیشن ہر پیر کو نکلتا ہے لیکن اس کی کیفیت وکمیت میں دورائے نہیں مرتب کار نے محنت شاقہ کا ثبوت دیا ہے۔ اخبارات عجلت میں چھپتے ہیں لیکن فرصت میں پڑھے جاتے ہیں لیکن پھر بھی صحت وصفائی والا مواد مل رہا ہے۔ غلطیوں کا احتمال کم ہوتا ہے۔ مذکورہ ایڈیشن قاری کی تنقیدی، تحقیقی بصیرت کے ساتھ تخلیقی بصیرت بھی عطا کرتا ہے۔ مرتب کار کو صمیم دل سے مبارکباد دیتا ہوں۔ خوب سے خوب تر کی جستجو

نے یہ رنگ دیا ہے۔

شادی خانہ آبادی

اردو ادب میں ڈاکٹر حبیب ضیاء کا نام محتاج تعارف نہیں۔ آپ کا شمار طنزیہ و مزاحیہ مضمون نگاروں میں ہوتا ہے۔ اپنی طنزیہ تخلیقات کے ذریعہ معاشرہ کی تطہیر کا کام انجام دیتی ہیں اور سماجی و معاشرتی حالات جو عدم توازن کا شکار ہیں ان پر سیر حاصل و جامع مضامین تخلیق کرتی ہیں۔ روزنامہ سیاست ''ستمبر میں موصوفہ کی نثری تخلیق'' شادی خانہ آبادی'' کے عنوان سے شائع ہوئی، جس میں انہوں نے لڑکی کے انتخاب و پسند اور رونمائی سے متعلق حالات و واقعات سے لے کر جہیز کے مطالبہ و لین دین پر تمام جزئیات کے ساتھ تحریر فرمایا آیا ہے۔ ایک سبق آموز اور اصلاح طلب مضمون ہے۔ بے شک لڑکی کی رونمائی کے وقت نہ صرف عورتیں بلکہ مرد حضرات بھی خاص کر لڑکے کے بھائی اور باپ کو دکھانے کی خواہش کی جاتی ہے اور لڑکی والے اس امید پر کہ شاید ہماری لڑکی ان کو بھی پسند آجائے مجبور ہو کر وہ بتا دیتے ہیں۔ ہمارا معاشرہ بے رحم ہوتا جا رہا ہے۔ لڑکے والے لڑکی کے انتخاب و پسند میں تھوڑی بھی لچک روا نہیں رکھے۔ وہ لڑکی میں ہر وہ خوبی و خصائص دیکھنا چاہتے ہیں جو انہوں نے اپنے ارمانوں و خواہشوں میں مدفن کیا ہے۔ پتہ نہیں تمام کے تمام شرائط لڑکی پر لاگو کئے جاتے ہیں اور لڑکے سے کبھی کچھ نہیں پوچھا جاتا۔ اس کے خدوخال ناک نقشہ رنگ قد اور جسامات ان تمام چیزوں کو بالائے طاق رکھ دیا جاتا ہے۔ ایک زمانہ تھا لوگ نیک نیتی پر اور محبت و خلوص کے جذبات سے سرشار ہو کر ایک ہی نشست میں لڑکی کو پسند کر کے انگوٹھی اور کچھ زیور چڑھا دیتے تھے۔ آج صارفیت کے ماحول نے سب کچھ تجارتی بنا ڈالا۔ رونمائی کے نام و عنوان سے ایک ایک دن میں کئی لڑکیوں کو دیکھا جاتا ہے۔ کبھی یہ عمل سال تمام بھی چلتا ہے۔ بڑی مشکل سے لڑکے والوں کو لڑکی پسند آتی ہے۔ پہلے زمانہ میں صبح کے اوقات میں عقد و نکاح کا اہتمام ہوتا تھا، لیکن زمانہ بدل گیا۔ وہ عمل تکلیف دہ تھا۔ صبح سے شام تک لڑکے والوں کی خاطر مدارات میں لڑکی والوں کو بہت تکلیفیں اٹھانی پڑتی تھیں۔ آج وہ

رواج نہیں ہے۔شام کی شادیوں میں دلہے کی تاخیر بھی مہمانوں کیلئے تکلیف کا موجب بن رہی ہے۔موصوفہ نے شادیوں میں ادا ہونے والی بے جا رسومات اور دلہے کے دوستوں کا عمل دخل جہیز کے معیارات ومقدار لڑکی کالی ہونے پر جہیز میں مزید اضافہ رشتے کے تعلق سے معاہدہ ہونے پر دوسری جگہ رشتہ طئے کرنا۔مسلم معاشرہ کے عمومی مسائل ہیں جس کی اصلاح ناگزیر ہے۔ شادی بیاہ کے معاملے میں مسلم ماں باپ بہت پریشان ہیں۔انہیں اپنی لڑکیوں کی شادی کی فکر دامن گیر ہے۔نت نئے مسائل اور عصری زندگی اور بدلتی ہوئی سماجی قدریں ومعاشرہ مسلم معاشرہ کو پریشان کر رکھا ہے۔جہیز میں عصری تقاضوں سے ہم آہنگ سامان دینے کا مطالبہ اور بیجا خواہشات کا اظہار اور فرسودہ رسومات سے معاشرہ کو گھن لگ رہا ہے۔جب کبھی ایسے حالات و واقعات اور شادی بیاہ سے متعلق جزئیات پر نظر پڑتی ہے ایسا محسوس ہوتا ہے کہ لڑکی والے شادی خانہ آبادی کا نام دیتے ہیں لیکن بے چارے لڑکی والے خانہ برباد ہوجاتے ہیں۔مقروض ہیں۔ ایک لڑکی شادی کے اخراجات برداشت کرنا مشکل ہوگیا اگر کسی کے پاس چار لڑکیاں ہوں تو اس کا دل کیا محسوس کرتا ہوگا۔بہرحال شادی خانہ آبادی جامع اور مبسوط مضمون ہے۔مسلم خاندان و معاشرہ میں مروج شادی بیاہ کے تعلق تمام جزئیات کا احاطہ ہوا ہے۔اس طرح کے مضامین سے امید ہے کہ معاشرہ سدھر جائے گا اور جہیز جیسی لعنت ختم ہوجائے گی عائلی ازدواجی شادی بیاہ کے تعلق سے آئے دن مضامین شائع ہورہے ہیں اور شائع ہونا بھی وقت کا تقاضہ ہے تاکہ مثبت اثر مرتب ہوسکے اور طنز کے ذریعہ اصلاح کرنے کی سعی کی گئی ہے۔

داغ پر از سر نو تحقیق

سیاست کے ادبی سپلیمنٹ ''آپ کا کالم'' میں نواب مرزا خاں داغ دہلوی کے تعلق سے شخصی وادبی واقعات پر علمی بحث سنجیدہ انداز سے چھیڑ دی گئی ہے۔جو داغ کی زندگی اور کلام کے مطالعہ کے لئے ناگزیر ہے۔کسی بھی شاعر کے تعلق سے تحقیق کام کروانے پر کچھ گوشے ضرور چھوٹ جاتے ہیں۔اگر داغ کے تعلق سے کافی وشافی تحقیقی کام نہ ہوا ہے تو کسی سنجیدہ محقق وادبی

دانشور سے از سرِ نو داغ کے حیات اور کارناموں پر تحقیق کروائی جا سکتی ہے تا کہ نئے گوشے و حقائق سامنے آ سکیں ان کے مطبوعہ و غیر مطبوعہ کلام کو تلاش و تفحص کے بعد نئے انداز سے مدون کیا جا سکتا ہے۔ ویسے تحقیق میں کتنا بھی حزم و احتیاط ملحوظ رکھیں شاعر وادب کے تعلق سے کچھ نہ کچھ حقائق پردہ اخفا میں رہ جاتے ہیں اور تحقیق میں کوئی چیز حرفِ آخر نہیں ہوتی۔ تحقیق در تحقیق کا سلسلہ چلتا رہتا ہے۔ لہٰذا روز نامہ سیاست میں داغ سے منسوب اشاعتی مواد کو پڑھنے کے بعد یہ بات شدت سے محسوس کی جا رہی ہے کہ دوبارہ داغ پر مبسوط و جامع تحقیقی و تدوینی کام کروایا جائے۔ داغ دہلوی کے اشعار پیش خدمت ہیں۔

داغ نے دیکھے ہزاروں حسین
آپ نے کس شخص سے دعویٰ کیا

چاہ کا م نام جب آتا ہے بگڑ جاتے ہیں
وہ طریقہ تو بتاؤ تمہیں چاہیں کیوں کر

خوب پردہ ہے کہ چلمن سے لگے بیٹھے ہو
صاف چھپتے بھی نہیں سامنے آتے بھی نہیں

حضرت دل آپ ہیں جس دھیان میں
مر گئے لاکھوں اسی ارمان میں

یاد آتا ہے تو کیا پھرتا ہوں گھبرایا ہوا
چپٹی رنگ اور بدن اس کا گھبرایا ہوا

اردو ہے جس کا نام ہمیں جانتے ہیں داغ
سارے جہاں میں دھوم ہماری زبان کی ہے

محمد ناظم علی۔نظام آباد

مجوزہ بھی فیض کی تصنیف

روزنامہ سیاست 28 اکٹوبر کے ادبی ایڈیشن میں شیخ احمد ضیا صاحب کا فیض پر اضافی تبصرہ شائع ہوا جو انہوں نے محسن حیدر آبادی کے مضمون ''مجھ سے پہلی سی محبت مری محبوب نہ مانگ'' پر کیا ہے۔مختلف حوالوں سے فیض کے سن پیدائش کے بارے میں لکھا ہے کسی نے 1912ء لکھا ہے تو کسی نے 1911ء۔ بی اے کی درسی کتب معیار ادب میں 13 فروری 1911ء رقم ہے۔ جدید شاعر کے بارے میں اس طرح کے مغالطے ادب میں عام ہوتے جارہے ہیں۔ پروفیسر آل احمد سرور کے تعلق سے بھی 1911ء یا 1912ء میں سے کسی ایک کو مستند ماننا پڑے گا۔جب جدید دور کے شعراء کے بارے میں ایسے گمان ومغالطے ہیں تو متقدمین ومتاخرین کے بارے میں کیا رائے قام کرسکتے ہیں۔شعراءادیبوں کے تعلق سے سچی معلومات و مواد کو اکٹھا کر کے ڈائری شائع کرسکتے ہیں۔آئے دن عدم معلومات کی بناء پر سن پیدائش بدل بدل کر شائع ہورہی ہیں۔قابل اسناد ومعتبر مواد کو شائع کریں تو مغالطے دور ہوسکتے ہیں۔اب رہا فیض کی نثری تصانیف میں ''مجوزہ'' بھی اہم نثری تخلیق مانی جاتی ہیں یہ ان کی آپ بیتی ہے جس میں فیض کی زندگی، حالات اور سفر کی روداد نجی زندگی کے اہم نکات شامل ہیں۔

سب رس پر۔ پروفیسر شہریار اور پروفیسر مغنی تبسم خصوصی نمبر

جلد 74۔ شمارہ 3

ماہ مارچ 2012

مدیر پروفیسر بیگ احساس

مبصر ڈاکٹر محمد ناظم علی

رسالہ سب رس جنوری 1938ء سے شائع ہو رہا ہے۔ اس کے پہلے مدیر وسر پرستی ڈاکٹر محی الدین قادری زور تھے بعد میں مختلف لوگوں نے ادارت کے فرائض انجام دیئے اس رسالہ کی اشاعت و اجرائی کی غرض و غایت یہ تھی کہ اس سے دکنی ادب و زبان کو ترقی فروغ عطا ہوا اور اردو کلچر دکن کلچر کی بازیافت ہو۔ یہی مسلک کو لے کر آج بھی سب رس بڑی آب و تاب سے شائع ہو رہا ہے۔ اس کے کئی شمارے گوشے اور نمبر خصوصی نمبر ماضی میں شائع ہوئے ہیں۔ آج کل یہ رسالہ اردو کے افسانہ نگار و نقاد پروفیسر بیگ احساس کی ادارت میں نکل رہا ہے۔ جب یہ رسالہ اپنے مشمولات و مواد کے لحاظ سے جاذب نظر کے ساتھ ادبی عرفان و بصیرت عطا کر رہا ہے۔ پروفیسر بیگ احساس کی ادارت میں اب تک تین خصوصی شمارے شائع ہوئے۔ اردو کے معروف ناول نگار و نقاد عزیز احمد کے فکر و فن و حیات کو اس میں اجاگر کیا گیا جس کا جلد نمبر 72 شمارہ نومبر 2010ء صفحات 80 کا حامل تھا۔ اس کے بعد اردو کے مورخ تاریخ داں حکیم شمس اللہ قادری نمبر جس کا جلد 73 شمارہ 6 ماہ جون 2011 کو شائع ہوا جس کے 79 صفحات تھے۔ پروفیسر شہریار اور پروفیسر مغنی تبسم کی رحلت پر خصوصی نمبر شائع ہوا جس کا جلد نمبر 74 شمارہ 3 مارچ 2012ء کو شائع ہوا۔ صفحات 79 پر مشتمل ہے۔

پروفیسر مغنی تبسم اردو زبان و ادب کے اسلوبیاتی نقاد و شاعر تھے اور شہریار تخلیق کار کے ساتھ نقاد بھی تھے۔ ان دونوں کی رفاقت و دوستی مثالی تھی۔ نظریات اختلافات کے باوجود یاری گہری تھی۔ ان دونوں شاعر و ادیبوں کے فکر و فن اور حیات پر مضامین یکجا کہ خصوصی نمبر شائع کیا

گیا۔ اداریہ میں مدیر نے امسال رحلت کرنے والے ادیبوں وشاعروں کی تفصیل پیش کرتے ہوئے ان کو خراج عقیدت پیش کیا۔ ان کی ادبی عظمت و کارناموں کو اجمالاً بیان کیا اور اظہار تاسف کرتے ہوئے کہتے ہیں کہ اردو پر اتنا خراب وقت پہلے کبھی نہیں آیا تھا۔ گوپی چند نارنگ نے خراج عقیدت کے تحت پروفیسر مغنی تبسم اور پروفیسر شہریار کے ادبی کارناموں میں صحافتی خدمات کو بیان کرتے ہوئے ان کے ادبی کارناموں وفن کو سراہا اور لکھا کہ ان دونوں کی خدمات وسیع وو قیع ہیں۔ ان کے کارناموں کے عوض ان کو ایوارڈ بھی دیئے گئے۔ پروفیسر بیگ احساس کا انٹرویو جو انہوں نے شہریار سے لیا تھا۔ شائع ہوا یہ انٹرویو ادبی معلومات سے پُر ہے اور پروفیسر شہریار کے ادبی نظریات رجحانات اور ان کے ادبی کارناموں سے آگہی حاصل ہوتی ہے۔ محمد ظفر الدین نے جو آخری انٹرویو پروفیسر مغنی تبسم سے لیا ہے۔ وہ بھی ادبی وفنی علم وعرفان عطا کرتا ہے اور پروفیسر مغنی تبسم کے توسط سے کئی باتوں کا انکشاف ہوتا ہے۔ ایک اہم بات یہ کہ پروفیسر مغنی تبسم نے اپنی زندگی میں کئی نام بدلے کبھی والا جاہی شان مکرم۔ سوشیل کمار وغیرہ۔ اس کی خاص وجہ یہ تھی کہ وہ اُس دور میں کمیونسٹ پارٹی سے وابستہ تھے اور نام بدلنے سے گرفتاری سے بچ گئے۔ سید خالد قادری نے یادیں باتیں اور تاثرات میں مغنی تبسم کی تعلیمی زندگی تدریسی زندگی اور سچی زندگی اور ادبی خدمات پر دانشورانہ انداز سے روشنی ڈالی۔ میدار بخت نے شہریار کی زندگی اور ادبی خدمات کا بھرپور احاطہ کیا اور ان کے شعری کارناموں کا محاکمہ بھی۔ سید محمد اشرف آسمان کچھ نہیں اب تیرے کرنے کیلئے۔ غضنفر۔ قطرہ اشک سے آنکھوں کا بھرم باقی ہے۔ بیگ احساس سورج کو ایک جھونکا ہوا کا بجھا گیا اور پروین شیر، محمد علی اثر، اظہار وارثی، بیگ احساس، اشرف رفیع، حبیب نثار، عقیل ہاشمی، مشتاق صدف نے پروفیسر مغنی تبسم اور شہریار کی مہارت اور ادبی کارناموں سے بحث کی اور ان کی ادب میں عظمت واہمیت وافادیت کو واضح کیا۔ بعض مضمون نگاروں نے ان کی تنقید اور تنقید نگاری وفن کو تفصیل بیان کیا۔ یہ شمارہ ان دونوں شاعر ونقاد کے فکر وفن کا احاطہ کرتا ہے اور ان کے کارناموں پر خراج عقیدت کا اظہار بھی ہے۔ اس خصوصی

نمبر کی اپنی جگہ اہمیت ہے اور ادبی محقق کیلئے یہ نمبر ایک تحقیقی دستاویز سے کم نہیں۔ مستقبل میں ریسرچ اسکالر اور ادبی طالب علم ضرور اس سے استفادہ کریں گے۔ پروفیسر مغنی تبسم اور پروفیسر شہریار کی حیات اور فکروفن کو سمجھنے کیلئے یہ خصوصی شمارہ ممدومعاون ثابت ہوگا۔ مغنی تبسم شناسی و شہریار شناسی میں ایک معتبر اضافہ ہے۔ میں اس خصوصی نمبر کی اشاعت پر پروفیسر بیگ احساس اور ان کے رفقاء کار کو مبارکباد دیتا ہوں کہ وہ ایسے شمارے شائع کررہے ہیں جو ادب میں اہمیت کے حامل ہوئے ہیں اور تاریخ ساز بن جائیں گے۔

مصنف بہ یک نظر

نام۔ڈاکٹر محمد ناظم علی

ولدیت۔ جناب محمد خواجہ علی

تاریخ پیدائش۔11 جنوری 1958

مقام پیدائش۔حیدرآباد

تعلیم۔ایم اے۔ایم فل۔پی ایچ ڈی

مصروفیت۔ پرنسپل گورنمنٹ ڈگری کالج مورتاڑ ضلع نظام آباد

تدریسی خدمات۔مدھوملنچہ ڈگری کالج بلال شکرنگر بودھن

1985 تا 1987

گورنمنٹ ڈگری کالج نلگنڈہ۔1991 تا 1997

گورنمنٹ گری راج کالج نظام آباد ۔1991 تا 27 جولائی 2010

مشاغل کتب واخبار مضامین لکھنا

روح عصر۔2006

عکس ادب 2007

حیدرآباد

ادبی رسائل ادارے 2010

کے بعد

ایوارڈز۔بسٹ ٹیچر ایوارڈ 1991ء ریاستی اردو اکیڈیمی

بسٹ ٹیچر اسٹیٹ گورنمنٹ آف آندھرا پردیش

قومی ایوارڈ۔ بھارتی ودیا شرومنی ایوارڈ۔

نئی دہلی

## ''بٹوارے کا کرب''

روزنامہ سیاست مورخہ 20 نومبر شبینہ ادب کی نظم ''بٹوارے کا کرب'' شائع ہوئی جو 19 نومبر کے ادبی ٹرسٹ کے مشاعرہ میں پڑھی گئی۔ محترمہ نئی نسل کی نمائندہ شاعرہ مانی جاتی ہیں۔ ویسے تقسیم و بٹوارے پر نظمیں اور نثری ادب دستیاب ہے۔ اس نظم سے ان قدآور ادیبوں کی یاد تازہ ہوگئی، نہوں نے اپنی آنکھوں سے ان روح فرسا واقعات و مناظر کو دیکھا۔ رامانند ساگر کی تخلیق ''اور انسان مرگیا'' اور ابراہم جلیس کا نثری شاہکار ناول ''دو ملک ایک کہانی'' اس کے علاوہ تقسیم کے موضوع پر کئی اور ناول افسانے اور منظوم ادب تخلیق ہوئے ہیں۔ طبع شدہ نظم ''بٹوارے کا کرب'' نئی نسل کو ایک پیغام ہے۔ شبینہ ادیب پہلی مرتبہ حیدرآباد وارد ہوکر ادبی ٹرسٹ کے مشاعرہ کے ذریعہ سے انہوں نے اس نظم کو سنایا۔ نئی نسل ''بٹوارے کے کرب'' سے واقف نہیں ہوسکتی ہے۔ شاید انہوں نے بھی اپنے بڑے بزرگوں سے حالات سن کر یا مطالعہ کر کے اپنے احساسات و جذبات کو الفاظ کے سہارے نظم تخلیق کی ہو۔ اس تحریر کے ذریعہ بتلانا مقصود ہے کہ عصری دور کے مشاعرے سیاسی اپیل و سیاسی موضوع کے رہین منت ہوگئے ہیں اور اکثر یہ بات بھی دیکھنے یا مشاہدہ میں آئی ہے کہ سامعین کی داد وہی شاعر کو زیادہ ملتی ہے جو Political Topic پر لکھتا ہے اور اس میں فن وفنکاری مفقود ہوتی ہے۔ اچھے کلاسک کلام پر اتنی داد نہیں ملتی جتنی کہ ملنی چاہیئے۔ بہرحال ہندوستانی مشاعرے سامعین کا مزاج اور فطرت بن گئے ہیں کہ وہ عصری موضوع و اپیل والی شاعری کو بہت زیادہ پسند کرتے ہیں۔ عصری مشاعروں میں جو سماں اور لطف اور ادبی چاشنی ملنی چاہیئے۔ ویسا حظ، عدم دستیاب ہے۔ مشاعروں میں نغمہ، ترنم، آواز کا جادو جگانے والے شاعر کی ہی حد سے زیادہ تعریف و توصیف کی جاتی ہے۔ ایسا معمول بنتا جارہا ہے وزبان و ادب کے لئے سم قاتل ہے۔ اب رہا محترمہ کی تخلیق نگارش بٹوارے کا کرب ایسا محسوس ہوتا ہے کہ وہ ماضی کے برصغیر کو یاد کر کے حسرت وارمان دل میں لئے ہوئے ہے کاش کے پھر سے دونوں ملک ایک ہوجائیں اور محبت وخلوص آپس میں پیدا

کریں۔

ممبئی چھوڑ کے آباد کراچی کرلی

تم نے کس طرح یہ منظور جدائی کرلی

محمد علی جناح پر ہلکا سا طنز ہے۔ حالات اس وقت ایسے ہی تھے ورنہ جناح بھی علحد گی کے قائل نہیں تھے۔ انگریزوں کی چالاکی وعیاری سے ملک تقسیم ہوا ویسے اس دور کے سماجی و سیاسی حالات پر بصیرت رکھنے والا ہی خوب جانتا ہے کہ تقسیم کا محرک اصل کونسا مسئلہ ہے، کیا چیز حائل تھی اور کونسے عناصر تھے آج بھی ہم تقسیم کے محرکات سے بے بہرہ ہیں۔ نہرو اور ابوالکلام آزاد کے افکار و نظریات بھی ہمیں نہیں یاد نہیں دلاتے کہ تقسیم کس وجہ سے ہوئی۔ مختلف مکاتب فکر کے ماننے والے اپنے اپنے تاثرات کی بناء پر آسانی سے کسی شخصیت کو موردالزام ٹھہراتے ہیں جیسے کبھی جناح، تو کبھی نہرو، یا سردار ولبھ بھائیچ پٹیل لیکن میری اپنی دانست میں ملک تقسیم ہوا۔ جغرافیائی حد بندی ہوئی لیکن دل نہیں بدلے، تہذیب بھی وہی ہے جو گنگا جمنی تہذیب کہلاتی ہے۔ محترمہ نے دونوں ملکوں کے ایثار اور پریشانیوں کو بڑے دلکش انداز سے پیش کیا ہے اور تمنا کرتی ہیں کہ جدائی کی دیواریں مٹادی جائیں اور سرحدیں توڑ کر پھر مل لیں پیار و محبت کے پیغام کے ذریعہ دونوں ملکوں کو ایک کرنے کی تمنا وکرب ادیبہ میں موجزن ہیں۔ ایک ناآسودہ حسرت و ارمان کا احساس ہوتا ہے جو اپنی شعری تخلیق ''بٹوارے کا کرب'' میں انہوں نے سمویا ہے۔

شکنجہ

سیاست مؤرخہ 3 ڈسمبر 2001ء میں نفیسہ خاں کا طویل افسانہ نظر نواز ہوا۔ اس سے قبل بھی موصوفہ کا افسانہ ''کہنی کا مار'' اور دوسری تخلیقات بھی روزنامہ سیاست میں شائع ہوتی رہی ہیں۔ زیر نظر افسانہ ''شکنجہ'' میں کرداروں کو ان کے سراپا کے ساتھ اور مختصر تعارف کے ساتھ پیش کیا گیا۔ کرداروں کی مناسبت سے تلگو الفاظ بھلے ہی معلوم ہوتے ہیں۔ دیہاتی ماحول کی عکاسی

اور کردار کو ان کے رچاؤ کے ساتھ پیش کرنا محترمہ کا فنی خاصہ ہے۔

آزمودہ کار افسانہ نگار نے سماجی اور معاشرتی مسائل پر دو ٹوک انداز سے پوری جزئیات یہاں پیش کر دی ہیں۔ ناگیا، نرسماں اور روجا کرداروں میں سوائے روجا کے دوسرے کردار قاری کو متاثر نہیں کرتے۔ نرسماں سرپرستی اور فطری کردار کے لئے موزوں ہے۔ زماں و مکاں کا اتنا تفاوت کیوں ہے کہ نرسماں اچانک غائب ہو گیا۔ برسوں گذر گئے وہ لوگ لاپتہ ہو چکے تھے پھر جب نمودار ہوئے تو روجا اور نا گیا تو بھگوان کے اوتار اور دیو داسی سسٹم جگن بنانا اس کی آڑ میں غیر انسانی غیر اخلاقی اعمال سرزد ہو رہے ہیں اور بھولی بھالی لڑکیاں استحصال کا شکار ہو رہی ہیں۔ شوہر ہو کر بھی دلال کے روپ میں کردار ادا کرنا معاشرہ کا کلنک ہے۔ یہ ایسے معاشرتی و سماجی مسائل ہیں جس کا حل ناگزیر ہے۔ شکنجہ پڑھنے کے بعد راقم یہ محسوس کرتا ہے کہ ہندو سوسائٹی کو ایک راجہ رام موہن رائے اور سوامی دیانند سرسوتی کی اشد حد ضرورت ہے۔ افسانہ ہر موڑ پر تاثر سے پر ہے۔

شاعر، ادیب اور کہانی نویس ایک حساس دل، بالغ نظر اور وسیع مشاہدے کے حامل ہوتے ہیں۔ جس کا اظہار وہ اپنی تخلیق میں کرتے ہیں۔ نفیسہ خاں کی کہانیوں کو قارئین سیاست کی دلچسپی اور مقبولیت حاصل ہے۔ معاشرہ اور سماج کی اصلاح میں کہانیوں کے مقام کو جو اولیت ہے اس سے کسی کو انکار نہیں ہو سکتا۔ سورہ یوسف کو احسن القصص سے تعبیر کرتے ہوئے اللہ تعالیٰ وحی الٰہی کے ذریعہ رسول اکرم صلی اللہ علیہ وسلم اور اہلِ مکہ کو خاص طور سے اور انسانیت کو عام طور سے واقف کرتا ہے۔ صحائف میں کہانیوں کا مقصد اصلاح ہے۔ نفیسہ خاں ایک عورت ہوتے ہوئے باری تعالیٰ کی صفت احنان حنانہ سے متصف ہے۔ اس کے علاوہ وہ ایک ٹیچر بھی ہیں جو سونے پر سہاگہ کی مانند ہے۔ ماں کا مقام اور محبت تو باری تعالیٰ میں بدرجہ اتم ہے۔ وہ ستر ماں سے زیادہ محبت کرنے والا ہے اور اساتذہ تو ذکور کے ساتھ نسواں کی تعلیم اور اصلاح کا مرکز ہے اور تعلیم نسواں کی اہمیت ایک عورت کی تعلیم ایک کنبہ کی یا خاندان کی تعلیم سے مترادف ہے۔ نفیسہ

خاں ان صفات کے ساتھ ساتھ اپنے مشاہدات کو کام میں لاتے ہوئے ادیب بھی ہیں کہانیاں لکھتی ہیں اور اس کے مرکزی پلاٹ اپنے اطراف و اکناف کے ماحول کے مشاہدے سے لیتے ہوئے اس کے خوبصورت تانے بانے بن کر اصلاح معاشرہ کی کوشش کرتی ہیں۔ وہ خالق کی مخلوق کو بلا تخصیص مذہب دیکھتی ہیں۔ اس کی خامیوں کو محسوس کرتی ہیں اس کی اصلاح کی فکر کرتے ہوئے کہانیاں تخلیق کرتی ہیں۔ مسلم معاشرہ کے علاوہ ہندو معاشرہ کے ناسور کا بھی علاج وہ اپنی کہانیوں میں کرتے ہوئے سماج کے ذمہ داروں اور ٹھیکیداروں کی تنبیہ کرتے ہوئے اصلاحی تجاویز پیش کرتی ہیں۔ شکنجہ ہندو رواج کے ایک ناسور کی تکلیف کو محسوس کرتے ہوئے اس کے علاج کا ایک مداوا ہے۔

### غزل میں ضمائر کی بات

روزنامہ سیاست کے گذشتہ شماروں کے آپ کا کالم میں غزل میں ضمائر کے استعمال کے تعلق سے دو مراسلے شائع ہوئے ہیں۔ جناب محمد ناظم علی نے لکھا ہے کہ غزل میں جو ضمائر استعمال ہوتے ہیں۔ ان کا صحیح مفہوم جاننا مشکل ہے اور شاعر کے ذہن میں جو بات ہوتی ہے وہ آسانی سے سمجھ میں نہیں آتی۔ جناب سید علی برتر کا کہنا ہیکہ ضمائر میں کچھ ابہام ہوتا ہے اس ابہام کو کھولنے میں زیادہ دشواری نہیں ہوتی۔ ہر دو مراسلہ نگاروں کا خیال ایک حد تک درست ہے کیونکہ غزل ایک ایسی صنف سخن ہے کہ اردو زبان و ادب کے ابتدائی دور میں شعراء متقدمین نے عاشقانہ اور رندانہ دونوں مضامین عام طور پر پیش کئے ہیں۔ ان کے یہاں عشق حقیقی اور عشق مجازی دونوں ملتے ہیں۔ انہوں نے غزل کو صرف عشقیہ جذبات کے اظہار کے لئے ہی ضروری سمجھا۔ اس لئے ان کی غزلوں میں جو ضمائر استعمال ہوئے ہیں۔ وہ آسانی سے سمجھ میں آجاتے ہیں۔ شعراء متوسلین نے ان کی تقلید کی، لیکن شعراء متاخرین اور عہد جدید کے شاعروں نے غزل میں مذہب، وعظ و نصیحت، فلسفہ، اخلاقیات، تمدن و معاشرت اور سیاست کے علاوہ طرح طرح کے مضامین کو جگہ دی۔ اس طرح غزل کا دائرہ وسیع ہوگیا اور عہد حاضر میں غزل کے لئے کئی

موضوع کی قید نہیں رہی۔ لیکن یہ بات ماننا پڑے گا کہ جدید غزل، قدیم غزل سے علحدہ کوئی صنف نہیں ہے بلکہ اسی کی ترقی یافتہ صورت ہے کیونکہ غزل میں شروع ہی سے بادہ وساغر کے پردہ میں مشاہدہ حق بھی ہے اور مشاہدہ نفس بھی موجود ہے۔

شعراء متقدمین اور متوسطین کی غزلوں میں جو ضمائر استعمال ہوئے ہیں۔ ان اشعار کے مفہوم کو سمجھنے میں آسانی ہوتی ہے۔ البتہ شعراء متاخرین خصوصاً عہد جدید کے شاعروں کی غزلوں کے اشعار میں جو ضمائر استعمال ہوئے ہیں ان کے مفہوم کو سمجھنا دشوار ہے اور ہم شاعر کے مافی الضمیر میں کیا ہے اور اس کے شعر میں کس بات کی طرف اشارہ ہے اس کو سمجھنے سے قاصر رہتے ہیں۔

علامہ اقبال کی غزلوں سے اکثر اشعار میں ''میں''، ''تو''، ''میرا'' اور ''تیرا'' کی ضمیروں کا کثرت سے استعمال کیا گیا ہے اور یہ ایک حقیقت ہے کہ اردو شاعری کی تاریخ میں شروع سے آج تک کوئی شاعر ان کے مقابلہ میں پیش نہیں کیا جا سکتا۔ اقبال کی غزلوں میں ان کا مخاطب ہمیشہ ان کے سامنے ہوتا ہے جسے وہ ضمیر واحد حاضر ''تو'' سے مخاطب کرتے ہیں۔ ان کی غزلوں کی ضمیروں سے ہم آسانی سے شعر کے مفہوم کو سمجھ سکتے ہیں۔ ان کے اشعار کا مخاطب خدا ہے یا انسان ہے یا پھر کوئی اور دوسرا ہوتا ہے۔ ان کو خدا پر بہت ناز تھا اس لئے ان کی زبان پر ''شکوہ'' آ گیا۔ انہوں نے انسان کو خدا سے براہ راست مخاطب کر دیا۔ وہ کہتے ہیں۔

''ہم سخن کر دیا بندوں کو خدا سے تو نے''

اقبال نے اپنی غزلوں میں جو ضمیریں استعمال کی ہیں ان کا مفہوم آسانی سے سمجھ میں آ جاتا ہے۔ چند شعر ملاحظہ کیجئے۔

اگر کج رو ہیں انجم آسماں تیرا ہے یا میرا
مجھے فکر جہاں کیوں ہو جہاں تیرا ہے یا میرا
عالم آب و خاک و باد! سرعیاں ہے تو کہ میں

وہ جو نظر سے ہے نہاں اس کا جہاں یہ تو کہ میں
دل بیدار پیدا کر کے دل خوابیدہ سے جب تک
نہ تیری ضرب کاری ہے نہ میری ضرب ہے کاری
تیرے بھی صنم خانے میری بھی صنم خانے
دونوں کے صنم خاکی دونوں کے صنم فانی


بسم اللہ الرحمٰن الرحیم

صلاح الدین شجاعی

## غزل میں ضمائر کا استعمال

روزنامہ سیاست مورخہ ۲۱ر ڈسمبر میں ''آپ کا کالم'' میں جناب محمد ناظم علی نے غزل میں ضمیروں کے استعمال کی بات چھیڑی ہے۔ ان کا یہ کہنا ہے کہ غزل میں جو ضمائر استعمال ہوتے ہیں ان کا صحیح مفہوم معلوم کرنا مشکل ہے۔ اس بات کو قبول کرتے ہوئے کہ ضمائر میں کچھ ابہام ہوتا ہے یہ کہنا پڑے گا کہ اس ابہام کو کھولنے میں کوئی زیادہ دشواری نہیں۔ مثلاً اس شعر کو لیجئے

میر ان نیم باز آنکھوں میں
ساری مستی شراب کی سی ہے

اس شعر میں کس کی آنکھیں بتائی جارہی ہیں بالکل واضح ہے۔ یا یہ شعر پڑھئے

نہ گل کھلے ہیں نہ ان سے ملے نہ مئے پی ہے
عجیب رنگ میں اب کے بہار گزری ہے

''ان سے'' کا کیا مطلب ہے قاری فوراً سمجھ سکتا ہے۔ اور

اس سراب رنگ و بو کو گلستان سمجھا ہے تو
آہ اے نالاں قفس کو آشیانہ سمجھا ہے تو

اس شعر میں شاعر کس سے مخاطب ہے اور گلستاں قفس آشیانہ سے کیا مطلب ہے سمجھنے میں کوئی دشواری نہیں ہوتی۔ اردو غزل میں ابہام حسن پیدا کرتا ہے۔ یہ کوئی نقص نہیں ہے۔ شعر میں بات بالکل کھول کر بیان کردی جائے تو اس کا لطف ہی ختم ہو جاتا ہے۔ مثلاً اس شعر کے ابہام میں حضرت منصور کی طرف کیسا لطیف اشارہ ہے۔

بھری بزم میں راز کی بات کہدی
بڑا بے ادب ہوں سزا چاہتا ہوں

غزل میں ابہام شعر کی معنویت میں اضافہ کردیتا ہے۔ کئی اشعار آپ کو ملیں گے جن کا

اشارہ محبوب مجازی اور محبوب حقیقی دونوں کی طرف سمجھا جا سکتا ہے۔ مثلاً

جس کو جتنا ظرف ہے اس سے سوا ملتا نہیں

جلوہ ساقی بقدر ہمت مردانہ ہے

مختصر یہ کہ ضمائر کا یا اور دوسری طرح کا ابہام غزل کی شان کو بڑھا دیتا ہے۔ جناب ناظم علی کی یہ خواہش کہ معلوم کریں شاعر کا محبوب عورت ہے یا مرد یا محبوب کے ناک نقشے اور رنگ کی تفصیل کچھ عجیب سی معلوم ہوتی ہے۔ محبوب کو محبوب سمجھ کر ہی شعر کا لطف اٹھایا جا سکتا ہے۔ ان کا یہ خیال البتہ صحیح ہے کہ شاعر جس کا ذکر اپنے شعر میں کرتا ہے وہ اس کا اصل معشوق نہیں ہوتا لیکن ہمیں شاعر کے تصوراتی محبوب ہی سے مطلب ہے اور اسی پر ہم کو اکتفا کرنا چاہئے۔ بعض اشعار میں ایسے ضمائر ضرور استعمال ہوتے ہیں جن کا اشارہ کسی خاص شخص کی طرف نہیں ہوتا لیکن ایسے اشعار میں ضمیر کی اہمیت نہیں ہوتی۔ شعر کا مضمون اس کی معنویت اور ندرت کی طرف خیال کرنا پڑتا ہے۔ مثلاً اسی شعر کو لیجئے

وہ بات سارے فسانے میں جس کا ذکر نہ تھا

وہ بات ان کو بہت ناگوار گذری ہے

اس شعر میں تین ضمیریں ہیں پہلے اور دوسرے مصرع میں ''وہ'' ضمیر اشارہ ہے جو بات کیلئے ہے۔ البتہ ''ان کو'' ایک ضمیر ہے۔ یہ کس کی طرف ہے معلوم نہیں ہوتا۔ شعر کی ندرت بڑھانے کیلئے اس کا استعمال ہوا۔ شعر میں خوبصورتی کے ساتھ یہ ہوتا جا رہا ہے کہ جو بات ہے ہی نہیں وہ ناگوار گذر گئی۔

محمد نظام علی (نظام آباد)

## اردو کی غیر مستعمل زوال یافتہ اصناف کا تحفظ

اردو زبان وادب کی درس وتدریس محدود ہوتی جارہی ہے۔ اسکولی سطح سے لے کر اعلیٰ تعلیم، جامعیاتی سطح تک اردو زبان و ادب کے پڑھنے والوں کی کمی آئے دن محسوس ہو رہی ہے۔ ادب کے طلبہ کی تعداد میں اضافہ سے زبان وادب کو تقویت ملتی ہے اور ادیب وشعراء وقلم کاروں کو ہمت وحوصلہ عطا ہوتا ہے لیکن عصری علوم وٹکنالوجی کے تعلیم میں مروج ہونے سے زبانوں کے عروج و پھیلاؤ پر منفی اثر پڑ رہا ہے۔ کوشش تو یہ ہونی چاہئے کہ زبان وادب کو عصری علوم سے مربوط کر دیں۔ ادب ماضی اور عصری تہذیب کا امین ہوتا ہے، اس میں سماجی قدریں پنہاں و پوشیدہ ہوتی ہیں۔ آج انگریزی ادب، تلگوادب اور اردوادب پڑھنے والوں کی تعداد اتنی نہیں ہے جتنی ماقبل آزادی تھی۔ اس کی اہم وجہ یہ ہے کہ تعلیم کو مادی قدروں سے مربوط کر دیا گیا ہے۔ بہر حال زبان وادب تخلیقی سطح پر زندہ ہے اور مستقبل میں ادبی سوتے خشک نہیں ہو سکتے۔ نئی نسل سے ضرور کچھ ادیب وشاعر ابھریں گے لیکن میری تحریر کا ماحصل ومدعا یہ ہے کہ اردو کی چند شعری ونثری اصناف جو اب قصہ پارینہ بن گئی اور ان اصناف کو ادب میں فروغ وتقویت نہیں مل رہی ہے۔ ان اصناف پر مبنی ادبی کتب کی حفاظت بے حد ضروری ہے۔ کئی ایسی نثری و شعری اصناف ہیں جن میں ملتوی، قصیدہ، واسوخت اور نثری داستان، ڈرامے وغیرہ۔

عصری دور میں مذکورہ اصناف شعر ونثر پر طبع آزمائی کم ہوگئی ہے۔ مثنوی کا دور ختم ہو چکا ہے۔ قصہ، کہانیاں اور واقعات کو منظوم انداز سے پیش نہیں کیا جارہا ہے۔ 18 ویں، 19 ویں صدی مثنوی کی تخلیق کی آخری صدی تھی، اس کے بعد مثنوی تخلیق ہونا موقوف ومسدود ہوگئی ہے۔ سیاسی، سماجی حالات بدل گئے۔ سماجی انقلاب نے کئی شعری اصناف کو جنم دیا۔ اس کے ساتھ قصیدہ بھی تقریباً ناپید ہے۔ اس کا تعلق درگاہ و دربار تھا لیکن دربار کا تصور مکمل طور پر ختم ہو چکا۔ اب شاہی دور وزمانہ نہیں رہا۔ لہذا جمہوریت کے اس دور میں قصیدہ لکھنا وطبع آزمائی کرنا

محال ہے۔ البتہ جمہوری قصیدے لکھے گئے لیکن ادبی و معیار کے حامل نہیں رہے۔ اردو میں معدودے چند شعراء ہیں جو واسوخت پر طبع آزمائی کئے ہیں۔

اردو کی نثری داستانیں موجود ہیں لیکن داستانیں شاہی دور کی پیداوار ہیں۔ مذکورہ صنف نثر تو فروغ اور اس پر طبع آزمائی کی مقصود ہوگئی ہے۔ داستان ایک سماجی و تہذیبی صنف سخن ہے اور یہ اپنے عہد کے سماجی، سیاسی، معاشی و معاشرتی حالات کے مرقع ہیں اور مکمل و اکمل سماجی زندگی کا پیکر و مرقع ہیں۔ ایسے حالات و عصری تقاضوں کے تحت مذکورہ شعری و نثری اصناف کو فروغ نہیں مل پا رہا ہے۔ ان اصناف پر مبنی ادبی کتب کا تحفظ ضروری ہے۔ اکثر دیکھنے میں یہ آ رہا ہے کہ ادبی کتب ردی کی ٹوکری کی نذر ہو رہے ہیں۔ یا پرزے کتب فروش کو فروخت کر دیئے جا رہے ہیں۔ ادبی سرمایہ قوم کا حافظہ ہوتا ہے، ادب میں تاریخ بھی ہے اور سماجی علوم کے اشارے بھی ہیں۔ اردو ادب کے دانشوروں سے التماس ہے کہ وہ اصناف پر مبنی کتب جو ادب عالیہ کا احاطہ کرتے ہیں کیونکہ کلاسیکل ادب میں وہ سب کچھ ہوتا ہے جو جدید ادب میں نہیں ہوتا ان کا تحفظ ضروری ہے اردو کے ہمدردوں سے گزارش ہے کہ وہ ایسی اصناف کی کتب جو غیر مستعمل ہیں ان کے تحفظ کے لئے عصری تقاضوں سے ہم آہنگ کتب خانہ میں محفوظ کریں یا ان اصناف کو پڑھ کر ویڈیو کیسٹ یا کمپیوٹر فلاپی میں شامل کر دیں اس طرح کے عمل سے اردو نسل کو ادب عالیہ و زوال یافتہ اصناف پر مبنی کتب سے استفادہ کرنے کا موقع فراہم ہوگا۔

☆☆☆

محمد ناظم علی (نظام آباد)

گفت باہمی

# ایک تجزیہ

اردو زبان وادب کی ترویج واشاعت میں چھاپے خانے کی ایجاد سے تیزی آ گئی ہے۔ گٹن برگ نے جب پرنٹنگ پریس کی مشین ایجاد کی تو کئی ادبی رسالے وجود میں آئے۔ان میں اودھ پنچ، اودھ اخبار، جام جہاں نما جیسے اخبار ورسائل نے ادب کی ترقی میں بے پایاں خدمات و کارنامے انجام دیئے ہیں۔ رفتار زمانہ کے ساتھ ان میں عصری تبدیلیاں اور پرنٹنگ میں جدید ٹکنالوجی کے استعمال سے ادبی صحافت کوفروغ حاصل ہوا۔ادبی صحافت میں ادبی رسائل کو خاص اہمیت حاصل ہے۔ان میں مواد جدت وندرت پر مشتمل ہوتا ہے۔نظم ونثر میں عمدہ اضافے کے ساتھ ان کو ایک نیا اسلوب بھی عطا ہوتا ہے۔روزناموں کے ادبی شمارے بھی ادبی قاری کو عصری ادبی بصیرت عطا کرتے ہیں۔روزناموں کے ادبی شمارے اپنے جلوودامن میں ادب کا ایسا مواد لئے ہوئے ہوتے ہیں جس میں عصری ادب کا عکس جھلکتا ہوا نظر آ تا ہے۔قاری پڑھنے میں نیا پن محسوس کرتا ہے۔ ویسے روزناموں میں ایسے ادبی مضامین کوفوقیت دی جانی چاہئے جس سے قاری کو نیا انکشاف و تحقیقی حقائق سے آ گہی ہو اور ایسی کاوش وکوشش اردو اخبارات کے ادبی ایڈیشن میں جاری رہے جس سے زبان وادب کی وسعت ہوگی۔قاری کو نیا وتازہ مواد پڑھنے کو ملے گا۔ایسے عمل میں ''اوراق ادب'' کشاں کشاں آگے بڑھ رہا ہے۔اس کے شماروں کی ہیئت پر غور کریں تو ایسا محسوس ہوتا ہے کہ اس میں مختلف ذیلی عنوانات کے تحت مستقل ادبی تنقیدی و تخلیقی مواد شائع کیا جاتا ہے۔ 3 ستمبر کے شمارہ میں جناب حمایت علی خان، اورنگ آباد نے ''اردو رسم الخط، ایک سوالیہ'' میں اردو کے عمومی چلن پر اظہار تاسف کیا ہے اور اپنے تمہیدی حصہ میں تلخ حقائق کا انکشاف کیا ہے۔ ہندوستان میں ہر کوئی اپنی اولاد کو ڈاکٹر، انجینئر بنانے کے خواب میں ہم اپنی مادری زبان اردو سے نابلد اور بے رخ ہوئے جارہے ہیں۔ان کا کہنا ہے کہ

ہم اردو کے ساتھ عصری علوم کی تعلیم اپنے بچوں کو دیں۔ اس کی ایک وجہ میری دانست میں یہ ہے کہ ماں باپ اپنے بچوں کے معاشی و مادی مستقبل کی فکر میں ہی دانستہ انگریزی کو اپنا رہے ہیں۔ ہم اپنا محاسبہ کریں کہ جو لوگ اردو کی بڑی بڑی آسامیوں پر فائز ہیں اور اردو کی روٹی کھاتے ہیں کیا ان کے بچے اردو پڑھ رہے ہیں؟ کاش کہ ان کے بچے اردو گھر پر ہی سیکھ لیتے تو اردو کی ہمہ جہت انداز سے ترقی ہوتی۔ فاضل مضمون نگار نے اردو رسم الخط اور اردو سیکھنے کے لئے جو دانش ورانہ تجاویز پیش کی ہیں وہ قابل تحسین ہیں، ان پر عمل کریں۔ رسم الخط زبان کی جان و روح ہے اس کو ملک کے تمام باشندے سیکھیں تو اردو کی لٹی ہوئی بہار عود کر آئے گی۔ ڈاکٹر مقبول احمد مقبول نے ''قرۃ العین حیدر کی افسانہ نگاری۔ خصوصی مطالعہ'' میں ڈاکٹر سہیل بیابانی کے پی ایچ ڈی کے مقالے کے حوالے سے مصنف کا جامع انداز سے تجزیہ پیش کیا ہے۔ ان کے افسانوں اور ناولوں کا جامع تعارف شائع ہوا اور بھرپور تجزیہ تنقیدی محاکمہ مل جاتا ہے۔ جب قرۃ العین حیدر کو ''آخر شب کے ہمسفر'' پر گیان پیٹھ ایوارڈ ملتا ہے اور ''آگ کا دریا'' ناول میں چشمہ شعور یا شعور کی رو کی ٹکنک استعمال کی ہے تو ایسے شاہکار ناولوں کا عالمی ادب سے تقابل کیا جانا ناگزیر ہے تاکہ ان کی تصانیف کی آفاقی و عالمی قدر و قیمت متعین ہو سکے۔ ''میں کیوں لکھتا ہوں؟'' (تخلیقی عمل کی روشنی میں) جناب رشید عبدالسمیع جلیل نے بے پناہ معلومات بہم پہنچائی ہیں۔ ہر تخلیق کا مقصد ہوتا ہے ہر تحریر و تخلیق سماج و معاشرہ کے افراد کے لئے ہوتی ہے۔ اگر اس میں ذات کا اظہار ہے بھی تو سماج میں اجتماعیت کا روپ اختیار کر لیتی ہے۔ جب کوئی چیز تخلیق ہو جاتی ہے تو کائنات کا حصہ بن جاتی ہے اور کائنات اس کا مطالعہ کرتی ہے۔ اشرف النساء ریاض نے ڈاکٹر غیاث صدیقی کی زندگی اور ادبی کارناموں کو اجاگر کیا۔ ''میزان'' کے تحت تبصرے اور تجزیے شامل کئے گئے۔ جناب الطاف انجم ریسرچ اسکالر تبصراتی شعور رکھتے ہیں جو تنقید کی حدود کو چھو جاتی ہیں۔ انہوں نے بہت عمدہ اور میزانیہ والا تبصرہ ''فن اور فنکار اور ابراہیم اشک'' پر کیا ہے جو متوازن ہے جس میں اشک پر لکھنے والے مصنف کی کتاب کا تجزیہ کیا ہے۔ جناب ڈاکٹر ایم اے قدیر کا تبصرہ

بعنوان فنش کر دیا (مزاحیہ شاعری) جس کے شاعر روشن علی کرنل ہیں، پُر عمدہ اور متوازن تبصرہ کیا ہے۔ شعری حوالوں سے اپنی بات سمجھانے کی کاوش بھی کی ہے۔ عالم اردو کے تحت نئی کتابیں و رسائل کا جامع و مختصر تعارف ادبی قارئین کو ہوتا ہے اور خاص ریسرچ اسکالرس کے لئے عالم اردو کالم ایک نعمت سے کم نہیں۔ یہ کالم ان کی رہبری وراہ نمائی کرتا ہے۔

اَوراقِ ادب ۔ گفت باہمی

ڈاکٹر محمد ناظم علی، صدر شعبۂ اردو، گری راج گورنمنٹ کالج، نظام آباد

روزناموں کے ادبی ایڈیشن زبان و ادب کے فروغ و ترقی میں اہم رول ادا کرتے ہیں۔ یہ ایڈیشن عصری زمانہ و زندگی سے مربوط ہوتے ہیں اور اس میں شائع ہونے والا مواد عصری زندگی و زمانے سے مربوط ہوتا ہے۔ روزناموں کے ادبی ایڈیشن کی اہمیت کا اندازہ اس بات سے بھی ہو جاتا ہے کہ اس میں ادیب و شاعر عصری حالات و کوائف کو مدنظر رکھتے ہوئے ادبی نگارشات روانہ کرتے ہیں اور ادبی نگارشات اپنے عصر سے ہم آہنگ ہوتے ہیں۔ زیرِ نظر شمارہ میں جناب رؤف خیر کا مضمون پنڈت نہرو جامع و مبسوط ہے جس میں انہوں نے ہندوستان کے پہلے وزیرِ اعظم پنڈت نہرو کی سیاسی، سماجی اور ادبی زندگی کو پیش کیا ہے۔ پنڈت نہرو کے سیاسی، ادبی کارناموں کو بیان کیا گیا ہے۔ نہرو سیاست داں، مدیر، ادیب اور دانش ور تھے، ساتھ ہی ساتھ وہ اچھے مقرر بھی تھے جس کو انگریزی میں Orator کہا جاتا ہے۔ ہندوستان میں چند منتخب شخصیتیں ہیں جو عمدہ مقرر کہلاتے ہیں۔ جناب بہادر یار جنگ، مولانا ابوالکلام آزاد، پنڈت نہرو اور دیگر شخصیتیں جو فصیح و بلیغ تقریر کرتے تھے اپنے وقت کے حالات و مسائل کو دلیلوں سے ثابت کرتے تھے، انداز بیان عام فہم سادہ ہوتا تھا۔ پنڈت نہرو میں بھی یہ خصوصیات بدرجۂ اتم موجود تھیں۔ نہرو سب کچھ تھے لیکن تقسیم کے عمل کو روک نہیں سکے۔ ھما خان کا مضمون ابو الکلام آزاد بحیثیت شاعر نیا اور اچھوتا موضوع محسوس ہوتا ہے لیکن مولانا کی حیثیت بہ حیثیت نثار ادب و زبان مسلمہ ہے۔ وہ خطیب تھے اور اچھے مقرر بھی تھے، ان کے نثر کے تعلق سے مشاہیر ادب نے مستند و مسلمہ رائے دی ہے۔ اور نثر نگار کی حیثیت سے ان کے کارنامے سامنے آئے۔ ان کا بے باک تجزیہ و تنقیدی محاکمہ کیا گیا لیکن محترمہ نے بحیثیت شاعر ان کا ادب میں مقام متعین کرنے کی کوشش کی۔ میری دانست میں آزاد کا مزاج نثر کی طرف تھا۔ وہ ادب کے اس میدان میں رچ بس گئے تھے۔ اس لئے نظم و شاعری کی طرف کم دھیان دیا اور شاعری انہوں

نے ترک کردی۔ اس کے برعکس بحیثیت صحافی، ادیب ادب میں ان کی حیثیت ومقام متعین ہو چکا ہے۔ بحیثیت شاعر عمیق انداز سے جائزہ لینا ہوگا۔ تحقیقی نگاہ تلاش کرتے رہے گی۔ محترمہ نے حوالوں سے ان کے شاعر ہونے کی دلیل پیش کی ہے۔ ادب میں نئے اضافے کی چیز بن گئی ہے۔ عابد معز نے ''چک دے ایرانڈیا'' میں تلخ تجربات پیش کئے ہیں۔ غزل کا فن اور ادبیت کو ملحوظ رکھنا ضروری ہے۔ ''چہرہ چہرہ آئینہ'' میں جناب ڈاکٹر اسلم فاروقی پر ان کی زندگی، شخصیت اور کارناموں کو اجاگر کیا گیا ہے۔ اس ایڈیشن نے قارئین کو نئی نسل کے ادیب و شاعر سے متعارف کروانے میں کوئی کمی نہیں کی ہے۔ مرتب کار نے اچھا سلسلہ شروع کیا ہے۔ گفت باہمی سے تنقیدی و تبصراتی بصیرت حاصل ہوتی ہے اور کچھ نئے حقائق بھی آشکار ہوتے ہیں۔

☆☆☆

اردو دنیا نئی دہلی

ڈاکٹر محمد ناظم علی، صدر شعبۂ اردو، گری راج گورنمنٹ کالج، نظام آباد

ماہ نامہ "اردو دنیا" نئی دہلی، اپریل 2009ء کا شمارہ بروقت وصول ہوا۔ اس کی اشاعت کی پابندی مثالی ہے کہ میں ہر ماہ کی آخری تاریخ کو اس کے انتظار میں آنکھیں بچھائے کھڑا ہوتا ہوں۔ جب ہاتھ میں آ جاتا ہے تو سکون واطمینان حاصل ہوتا ہے۔ میں صمیم قلب سے "اردو دنیا" کے مدیر اور دیگر اسٹاف کو مبارک باد دینا چاہتا ہوں کہ اردو قارئین کو عصری علوم و فنون سے آشنا کر رہے ہیں اور زمانے کے تقاضوں کے مطابق ڈھال رہے ہیں۔ قاری زندگی اور زمانے کی بدلتی قدروں سے میل کھاتے مضامین سے عصری شعور و آگہی حاصل کرتا ہے۔ "اردو دنیا" 21 ویں صدی کا نقیب رسالہ ہے۔ قاری جو چاہتا ہے اسے مل جاتا ہے۔ ادب، سیاست، زبان، تعلیم، سائنس و ٹکنالوجی، ماحولیات وغیرہ۔ "آپ کی بات" کالم میں قارئین کے خطوط سے رسالے کے وزن و وقار کی پہچان ہو جاتی ہے۔ یہ ایک طرح کا تبصراتی کالم ہے جس میں تنقیدی پہلو بھی نکل آتے ہیں۔ "ہماری بات" میں اردو کی ہمہ گیری و ہمہ جہتی اور اس کی عالمی حیثیت پر خوشی کا اظہار کیا گیا ہے۔ اردو کی اصل اور دیگر زبانوں کے الفاظ کی کارفرمائی پر روشنی ڈالتے ہوئے اردو کو ایک سکیولر زبان قرار دیا گیا ہے اور اردو کے قومی تاریخی کردار کو بھی اجاگر کیا گیا ہے لیکن آخری سطور میں اہم نکتے کی طرف اشارہ ملتا ہے کہ اردو والے نئی نسل کو اردو پڑھائیں۔ جب نئی نسل اردو سیکھ لے گی تو یہ زبان تا حشر زندہ رہے گی اور نسل در نسل منتقل ہوتی رہے گی۔ میری دانست میں اردو کی ترویج و نشو و نما میں نئی نسل اہم کردار ادا کر سکتی ہے۔ ہر خاندان گرمائی تعطیلات میں اپنے بچوں کو صرف ایک ماہ میں اردو سکھا سکتا ہے۔ امام اعظم نے فاصلاتی تعلیم کی اہمیت و افادیت کو اجاگر کرتے ہوئے کہا ہے کہ Dropout بچے یا ایسے لوگ جو روزمرہ زندگی میں مصروف رہتے ہیں ان کے لئے سب سے بڑا وسیلہ فاصلاتی تعلیم ہے۔ محمد

جمال مصطفیٰ نے اردو اور ہندی کے باہمی رشتوں کا ذکر کیا ہے، مضمون لسانیات اور زبان کے تعلق سے پرمغز ہے اور معلومات کا مخزن ہے۔ پروفیسر صادق نے سدیپ بنرجی کی ہندی کویتا سے بحث کی ہے۔ پردیپ جین نے پریم چند کی آریہ سماج سے ذہنی وابستگی پر روشنی ڈالی ہے۔ ابرار رحمانی نے ایک متنازعہ خط کا ذکر کیا ہے۔ سرور الہدیٰ اور شاہد پٹھان کے مضمون معلوماتی ہیں۔ فرزانہ اسد نے ماحول کی آلودگی کے اسباب بیان کئے ہیں۔ دراصل ہم خود سماجی ضرورتوں کے تحت ماحولیاتی آلودگی پھیلاتے ہیں۔ کبیر احمد جائسی کے مضمون سے نئی معلومات حاصل ہوئی اور روزہ، خداوغیرہ لفظ کہاں سے آئے معلوم نہیں تھا۔

اردو خبرنامے سے عالمی سطح پر اردو کی ادبی سرگرمیوں کا اندازہ ہو جاتا ہے۔ ''تبصرہ و تعارف'' کا کالم بہت خوب ہے۔ اس میں شائع ہونے والے تبصرے جامع مبسوط اور معیاری ہوتے ہیں۔ بچوں کے گوشے میں مزید دو صفحے کا اضافہ ہونا چاہئے۔ بچوں کے ادب پر ہمارے ہاں ہمیشہ کم توجہ کی گئی ہے۔

اَوراقِ ادب ۔ گفت باہمی
ڈاکٹر محمد ناظم علی ۔ نظام آباد

31 مارچ 2008ء کا ''اوراق ادب'' نظر نواز ہوا۔ اردو کے ایک اہم شاعر بشیر نواز کی شاعری کے تنقیدی زاویے ایک منفرد مضمون ہے جس میں ان کی شاعری کا بھرپور تنقیدی محاسبہ کیا گیا اور ان کی ادبی خدمات کو اجاگر کیا گیا ہے۔ مولانا جلال الدین رومیؒ پر بہت کچھ شائع ہوا اور اس دوسری قسط میں بھی ان کی زندگی اور شاعری پر لکھا گیا تصور انسانی کو شعری حوالوں سے ثابت کرنے کی کوشش کی۔ مذہب اور انسانیت سے ہی دنیا آباد رہے گی۔ رومیؒ کی شاعری میں انسانی تصور اپنے اندر عظمت لئے ہوئے ہے۔ انشائیہ ''مسکراہٹ'' میں عصری موضوع کو موضوع بتایا گیا۔ مسکراہٹ فطری بات ہے لیکن عصری دور میں مسکراہٹ بھی چھین لی جارہی ہے۔ سماجی اعمال و افعال ایسے ہیں کہ انسان نے مسکرانا بند کردیا ہے۔ عابد معزؔ نے ''روٹی کا سوال برقرار ہے'' میں انسانی سماج کے ایک اہم مسئلہ کو پیش کیا ہے۔ بھوک فطری اور جبلتی جذبہ ہے۔ تمام کائنات کا ارتقا اس میں مضمر ہے۔ اگر بھوک نہ ہوتی تو سماج اتنا ترقی نہیں کرتا۔ بھوک ہی میں دنیا کی ترقی مضمر ہے۔ ''چہرہ چہرہ آئینہ'' میں ابو الفاروق شعور کی زندگی اور ادبی کارناموں کو اجاگر کیا گیا ہے۔ اس کالم کی ایک خوبی یہ ہے کہ جو ادیب گوشہ گمنامی میں رہ کر قلمی کام کر رہے ہیں ان کو سماج سے متعارف کروا رہا ہے۔ اس کالم کو جاری رکھیں۔ میزان کے تبصرے بھی اچھے ہیں جن میں تنقیدی شعور پایا جاتا ہے۔ عالم اردو سے نئی اردو دنیا کی تصویر سامنے آتی ہے کہ کونسی تخلیقات ابھی چھپی ہیں اسے ہر اردو قارئین کو پڑھنا چاہئے۔

14 اپریل 2008ء کا اوراق ادب پڑھنے سے تعلق رکھتا ہے۔ ''مقدمہ شعر و شاعری'' حالیؔ کی تنقیدی کتاب کے اقتباسات قسط وار شائع ہوئے۔ حالیؔ کی اس کتاب کی شہرت اُس دور میں بھی تھی اور اس دور میں بھی ہے۔ یہ عملی تنقید کی تصنیف ہے لیکن اصلاح کا رنگ حاوی ہے۔

اسی طرح مرتب اگر مسدس حالی جس کا دوسرا نام ''مدو جزر اسلام'' ہے جو اسلام کا ماضی، حال اور مستقبل کی نقوش پیش کرتی ہے اگر قسط وار شائع کریں تو نئی نسل کے لئے اصلاح کا باعث بنے گی۔ مسدس پڑھنے سے مسلمان کیا تھے کیا ہو گئے کا احساس پیدا ہوگا۔ اور دلوں میں تڑپ پیدا ہوگی۔ سید وسیم الدین نے مقدمہ شعر وشاعری کا پس منظر پر تنقیدی تجزیاتی انداز ے سے مضمون رقم کیا ہے ادب کے طالب علموں کے لئے ایک نعمت سے کم نہیں۔ گا'لب کارنرس' کس طرح اردو نئے گھروں میں بولی سمجھی پڑھی جاتی ہے اس کا بیان ہے۔ گھروں میں اردو کے ساتھ کیا سلوک کیا جاتا ہے اور کیسے تلفظ نکالتے ہیں۔ نئی نسل میں اردو کس طرح آ رہی ہے اور وہ کیسے اردو سیکھ رہے ہیں۔ لکھی کہی پر روشنی ڈالی گئی۔ نئی غزل کیسے تھی اور کی جارہی ہے اور شعر نئی لوازمات سے عاری ہو رہے ہیں ان پر نوحہ کیا ہے ہر ایک پر شاعری کا خبط سوار ہے۔ کیرالا ہند کی ایک ریاست ہے تاریخ میں ایک لسانیاتی ارتقا میں اس کو اہم مقام حاصل ہے اردو کے بنانے میں ٹاملناڈو اور کیرالا کا اہم مقام ہے۔ وہاں اردو سیکھنے میں نان مسلم زیادہ ہیں لگ بھگ 400 نان مسلم اردو ٹیچر کام کر رہے ہیں اور ڈاکٹر پی عبدالغفار نے شمس الدین ثرور کا اچھا خاکہ پیش کیا ہے۔ انہوں نے اردو کے لئے عملی اقدامات قابل بیان کئے ہیں۔ اگر کوئی اردو نئی نسل کو پڑھانے کا کام شروع کرے تو وہ جہاد سے کم عمل نہ ہوگا۔ اس طرح کے عمل سے اردو قیامت تک زندہ رہے گی۔ جناب نادر المسدوسی نے بازگشت کے تحت ڈاکٹر امیر عارفی شخصیت اور فن پر عمدہ مضمون لکھا ہے۔ انہوں نے امیر عارفی کی شخصیت کے مختلف پہلوؤں اور ان کے تخلیقی وتنقیدی و تحقیقی کارناموں کو اجاگر کیا ہے امیر عارفی نے شہر آشوب پر اچھا کام کیا ہے۔ یہ شمال میں ادبی ماحول میں بہت پسند کئے جاتے تھے۔ غیر متنازعہ شخصیت تھے۔ سادہ زندگی گزارتے تھے۔ علمی و ادبی بحث میں متوازن رویہ اختیار کرتے تھے نادر صاحب نے مکمل تصویر پیش کرنے کی کاوش کی ہے۔ چند ہفتوں سے مرتب نے میزان کے صفحے پر مشاعرہ کی تفصیلی رپورٹ شائع کی ہے اور سمیناروں کی رپورٹ بھی جگہ لے چکی ہے یہ اچھا عمل ہے قارئین کے لئے معلومات کا موجب

بنے گا۔ آئندہ بھی اس طرح کی رپورٹس شائع ہونی چاہئے۔ میزان کی چمک دمک کو برقرار رکھئے۔ ادب میں تنقیدی سرمایہ کم ہے لہذا میزان اس خلاء کو پورا کرے گا بھرپور تجزیہ ہے۔

☆☆☆

اَوراقِ ادب۔ گفت باہمی

مبصر۔محمد ناظم علی

صدر،شعبہ اردو،گری راج کالج،نظام آباد

5 مئی 2008ء کا اوراق ادب باصرہ نواز ہوا۔ذکر یوسف عارفی کی کہانیوں کا میں ان کے افسانوں کے حوالے سے اور افسانے کے فن پر جامعیت سے باتیں بتائی گئی ہیں۔ان کے افسانوں کی خوبیوں وخصوصیات کا کماحقہ تجزیہ پیش کیا گیا ہے۔افسانہ کے تار و پود زندگی سے لئے جاتے ہیں۔افسانہ حقیقت کی دنیا کا حصہ ہوتا ہے۔یوسف عارفی پر مضمون پڑھنے سے ایسا لگا کہ ان کے افسانے زندگی و زمانے سے مربوط ہوتے ہیں۔آفاقیت کے اس دور میں افسانہ حقیقت پر مبنی ہونا چاہئے اس میں فسانہ نہ ہوں تو بہتر ہے۔قطب سرشار کی نظم کا محاکمہ و تجزیہ پروفیسر خالد سعید نے کہا ہے اس کے فن اور داخلی و خارجی عوامل کا تجزیہ جامع انداز سے کیا گیا ہے۔پروفیسر خالد سعید کے تنقیدی عمل میں علمی انکشافات زیادہ ہوتے ہیں۔قاری نئی معلومات سے بہرہ مند ہوتا ہے اور تنقیدی تجزیے میں نئی بات پیش کرتے ہیں۔درد مشترک متاثر کن افسانہ ہے۔عابد معز نے اپنے حصہ کی دنیا میں حریص اور لالچی لوگوں کی زندگی کا پردہ فاش کیا ہے۔ لوگ سب کچھ ہوتے ہوئے مزید کچھ حاصل کرنے کی طمع لئے ہوتے ہیں۔اپنے حصہ کی دنیا متاثر کن تحریر ہے جس میں توکل،قناعت اور سادہ زندگی گذارنے کی ترغیب ملتی ہے۔دنیا میں لوگ جائز و ناجائز طریقے سے بہت کچھ حاصل کرنا چاہتے ہیں وہ بھول جاتے ہیں کہ ایک دن یہ سب کچھ چھوڑ کر چلے جانا ہے۔ڈاکٹر واحد انجم کی زندگی اور ادبی خدمات کو چہرہ چہرہ آئینہ میں جامع انداز میں پیش کیا ہے۔لوگ بہت کچھ اردو کام و کاز انجام دیتے ہیں اردو کی علمی و عملی و نظریاتی فکری خدمت کر رہے ہیں لیکن نئی نسل کو اردو سکھانے کا عمل سست و کمزور پڑ گیا۔اگر نئی نسل میں اردو نہ پہنچی تو پھر یہ علمی و ادبی سرمایہ کا وارث و محافظ کون بنے گا۔ادب کون پڑھے گا۔

میزان کے تحت حصہ تنقیدی عمل کا نمونہ ہے تنقید میں تجزیاتی انداز ہے۔ اسی طرح 12 مئی کا اوراق ادب زیر مطالعہ رہا۔ ڈاکٹر محبوب راہی نے ہندوستانی جمالیات اور اردو میں جمالیات کی ترجمانی و عکاسی کے موقف کو واضح کیا ہے۔ تمہید میں جمالیات جمال کی توصیف بیان کرتے ہوئے انھوں نے مختلف اردو اشعار کے حوالوں سے ہندوستانی جمالیات پر روشنی ڈالنے کی کاوش کی ہے۔ انھوں نے قلی قطب شاہ، جدت انشاء، داغ، فراق، مومن، حسرت وغیرہ کے اشعار میں جمالیات کے بھرپور رنگ کی وضاحت کی۔ مضمون اتنا جامع اور وسیع ہے کہ مقالہ معلوم ہوتا ہے اس میں جمالیات سے متعلق ہر پہلو کو پیش کیا ہے۔ مخدوم نے کہا تھا

لگی آگ پانی میں پریشان مچھلیاں
کچھ شعلہ بدن اترے ہیں پانی میں نہانے

اردو میں اس طرح کے بہت سارے اشعار مل جاتے ہیں جس میں جمالیات کا رنگ واضح ہو جاتا ہے۔ انسان کی فطرت میں داخل ہے کہ اس میں جلال و جمال کا امتزاج ہوتا ہے۔ شاعر حضرات جمال کے رنگ کو زیادہ ترجیح دیتے ہیں۔ منور رانا کی نثر نگاری ایک مختصر جائزہ میں منور رانا کی نثر نگاری کا جائزہ لیا ہے۔ ایسا وصف بہت کم شاعروں کو نصیب ہوتا ہے کہ وہ بہ یک وقت شاعر و نثار کہلائے۔ ادب میں ایسا بھی دیکھنے کو ملتا ہے کہ بعض شاعری میں قدرت رکھتے ہیں تو بعض ادیب نثر میں گل کھلاتے ہیں۔ منور رانا بنیادی اعتبار سے شاعر ہیں وہ عصری حالات و حوادث کو شعری پیکر میں مؤثر انداز سے ڈھالتے ہیں 'ماں' کے تعلق سے ان کے اشعار بہت مقبول ہوئی۔ عصری مسائل پر ان کی گہری نظر ہے عصری حسیت کا شاعر ہے۔ لیکن نثر بھی ادبی خوبیوں و خصوصیات کی حامل ہوتی ہے۔ سمیرہ حیدر کا افسانہ نوحہ گر متاثر کرنے والا ہے۔ جو مقوم و تقدیر میں لکھا ہوتا ہے وہ ٹلتا نہیں ہو کر رہتا ہے۔ میت سامنے رکھ کر زندگی کے واقعات کی ترجمانی بہت خوب ہے۔ عزیز ترین لوگ رحلت کر جاتے ہیں لیکن وہ زندہ محسوس ہوتے ہیں۔ عابد معز نے اپنے مضمون کے ذریعہ عالمی سطح پر ہونے والی گرانی مہنگائی پر طنز کیا ہے۔ اشیاء کی

قیمتیں بڑھ رہی ہیں۔ معاشی نظام کو گرفت میں لانا ہوگا۔ امریکی پالیسی کا اثر اب قیمتوں پر پڑنے لگا ہے۔ اس سے انسانیت کو تکلیف پہنچ رہی ہے۔ لوگ کم پیسے میں خوش حال زندگی گذارتے تھے۔ اب زیادہ پیسے میں بحران و انتشار کا شکار ہیں۔ میزان کے تحت محاکمہ و تجزیے جامع ہیں۔ منظومات کا حصہ عصری تناظر لئے ہوئے ہے۔ ضامن علی حسرت کی غزل بہت خوب ہے اور عصری مسائل و حالات کی عکاسی کرتی ہے۔

رشتوں میں آج پہلی سی الفت نہیں رہی
بھائی سے بھائی کو بھی محبت نہیں رہی
ہم نے بجھا دیئے ہیں امیدوں کے سب چراغ
اب دل میں باقی کوئی بھی حسرت نہیں رہی

رشتے کھوکھلے ہو گئے اب وہ انسیت و محبت رشتوں میں باقی نہیں رہی۔ انسان مادیت کا غلام بن گیا ہے۔ نفسانفسی کا عالم ہے۔ سماج میں سب کچھ ہوتے ہوئے ایسی بے بسی ہے کہ حسرت و امید بھی پیدا نہیں ہو رہی ہے۔ اب رشتوں میں خلوص، محبت، ہمدردی، دردمندی مفقود ہو گئے۔ دنیا کا خون سفید ہوتا جا رہا ہے۔ ایسے حالات کا اظہار جناب ضامن علی حسرت نے کیا ہے۔ عصری کوائف سے مربوط غزل ہے۔ دونوں ایڈیشن ادبی معلومات و ادبی بصیرت کے حامل ہیں۔

اَوراقِ ادب

محمد ناظم علی

صدر شعبہ اردو، گری راج کالج۔ نظام آباد

'اعتماد' کا 'اوراق ادب' ہر پیپر کو متنوع ادبی رنگ کو پیش کرتا ہے۔ اس کی ہئیت وساخت و شکل میں تنوع ہوتا ہے۔ اردو کے دانشور و محقق و نقاد محمد علی اثر نے مثنوی کدم راؤ پدم راؤ پر ایک نظر میں تحقیقی انداز سے روشنی ڈالی ہے۔ تحقیق میں ہر قدم پر دھوکا ہوتا ہے، تحقیق مزید تحقیق کی محتاج ہوتی ہے۔ مثنوی کدم راؤ پدم راؤ کی اصل اور مکمل متن کے ساتھ جمیل جالبی نے 1973ء میں شائع کیا۔ اس کے اصل نسخہ کی تلاش بھی ضروری ہے تا کہ مکمل قصہ و کہانی قارئین تک پہنچ سکے۔ مضمون میں تحقیقی معلومات ہیں۔ آئندہ اسی نوعیت کے مضامین کو اوراق ادب میں جگہ تو نئی نسل ادبی تحقیق کے اہم نکات سے بہرور ہوگی۔ پروفیسر علی حیدر ملک نے تنقید کی اہمیت اور افادیت پر بہت خوب لکھا ہے۔ انہوں نے کہا ہے کہ تنقید کی ہئیت آج تک متعین نہیں ہوسکی اور تنقید مختلف ہئیتوں میں لکھی جارہی ہے۔ تنقید پرکھ اور محاکمہ و تجزیے سے کام لیتی ہے لیکن اس کے لئے ایک باقاعدہ پیمانے اور Setup ہونا چاہئے۔ تعمیر اصول وضوابط کے تنقید ادب میں کیسے فروغ پائے گی۔ عابد معز نے نیا 'ہوائی اڈہ' میں عصری تقاضوں و حالات کو سمونے کی کوشش کی ہے۔ سلیم رضوی کے تعلق سے بہت سی معلومات حاصل ہوئی کہ لوگ کس طرح زبان وادب میں مصروف کار رہتے ہیں۔ 'سخن انتخاب' اور 'غزل کائنات' میں عصری موضوعات و حالات مل جاتے ہیں۔ 'اظہار' پر سردار سلیم کا تبصرہ تجزیاتی ہے جس میں قطب سرشار کی شاعری فکر وفن سے بحث کی گئی ہے۔ 'تنکے' اور 'گلدستہ رنگ رنگ' پر تبصرہ اچھا ہے۔ میزان کالم تنقیدی شناخت بنارہا ہے۔

24 مارچ 2008ء کا ادبی شمارہ زیر مطالبہ رہا۔ قمر جمالی نے مولانا جلال الدین رومی کی زندگی پر فارسی شاعری پر اچھا محاکمہ کیا ہے۔ ویسے اقوام متحدہ نے سال 2007ء کو رومی کا سال

قرار دیا ہے اوراس موقع پر دنیا کے گوشے گوشے میں رومی کے تعلق سے جلسے، سمینار اور مذاکرے منعقد ہوتے رہے۔ رومی امن اور انسانیت کا شاعر ہے۔ افشاں جبیں سنگاریڈی نے جامعہ عثمانیہ کے اہم مصنفین کا اچھا سلسلہ شروع کیا ہے۔ آئندہ بھی جامعہ سے وابستہ علمی وادبی شخصیتوں کے کارناموں کو اجاگر کریں تا کہ نئی نسل اسلام کے کارناموں سے واقف ہو سکے۔ جامعہ کا اردو شعبہ بھی ہمیشہ سے فعال رہا۔ مولانا وحید الدین سلیم سے ڈاکٹر میمونہ بیگم تک جتنے اساتذہ وابستہ رہے ہیں، علمی وادبی اور فکری کارنامے انجام دیتے رہے ہیں۔ ان کی تفصیل ناگزیر ہے۔ عابد معز نے شعر بھی ختم ہو رہے ہیں، اچھی شاعری کے مفقود ہونے پر اظہار تاسف کیا ہے۔ یعنی اچھے شعر بہت کم لکھے جا رہے ہیں۔ تک بندی زیادہ ہو رہی ہے۔ ان کے اس مضمون سے وجہی کا ایک شعر یاد آ گیا جو قطب مشتری کا ہے۔

جو بے ربط بولے تو بیتیاں پچیس
بھلا ہے جو یک بہت بولے سلیس

اردو میں شعری سرمایہ ہے یہ تو بہت ہے۔ ان میں کتنے شعر وشاعری کے معیار پر اترتے ہیں۔ اس کا ہمیں اندازہ کرنا چاہئے۔

ریاض رحیم پر مضمون معلوماتی ہے۔ نئی نسل میں آج کل کئی ادیب وشاعر اپنا مقام بنا رہے ہیں۔ 'انتخاب سخن، غزل کائنات' کالم کو مزید درخشاں بنائیں۔ اس میں مزید اور معیاری شعراء کو جگہ ملنی چاہئے۔

(سخن انتخاب میں اہم اور کہنہ مشق شاعروں کو ہی پیش کیا جا رہا ہے۔ اردو شاعری کے نامور شعراء کے ساتھ ساتھ ہمارے شہر اور اطراف کے معیاری شعراء کو بھی نمائندگی دی جا رہی ہے: مرتب)

''میزان'' کالم کے تحت سراجاً منیرا اور اللہ جل جلالہ پر تبصرہ بہت عمدہ ہے۔ دو موضوعات روحانی قدر لئے ہوئے ہیں۔ عالم اردو کا کالم بھی قاری کے لئے مفید ثابت ہو رہا

ہے۔اسی ترتیب کو آئندہ بھی ملحوظ رکھیں۔ادبی دنیا میں ایسے رنگ کا ادبی شمارہ خاص کر روزناموں میں کم دیکھنے میں آیا۔یہ سب ترتیب وتدوین کی شبانہ روز محنت کا نتیجہ ہے کہ وہ اپنا خون جگر صرف کر کے ایسا عمدہ ادبی ایڈیشن شائع کر رہے ہیں۔ایسے ایڈیشن زبان وادب کی ترقی وسعت میں ممد ومعاون ثابت ہوتے ہیں۔دعا ہے کہ صحرائے ادب میں یہ شمارہ گل تر،گل شاداب بن کر چمکے مہکے۔تحقیقی اور تنقیدی مضامین کے علاوہ نظم نثر کے اصناف پر عصری تقاضوں کے تحت مضامین شائع ہوں تو سونے پر سہاگہ ہے۔

تحقیق،تنقید،ادب وشاعری اور مختلف اصناف سخن اوراق ادب میں پیش کی جارہی ہیں۔ مرسلہ نگار،ادبی ایڈیشن کا مطالعہ کرنے کی زحمت کریں اور یہ وضاحت کرنے کی زحمت کریں کہ عصری تقاضوں کے مضامین کی نوعیت کیا ہے؟(مرتب)

☆☆☆

اَوراقِ ادب ۔ گفت باہمی

محمد ناظم علی

صدر، شعبہ اردو، گری راج کالج، نظام آباد

اردو روز ناموں کے ادبی ایڈیشن زبان و ادب اور شعر و شاعری کے فروغ میں ممد و معاون ثابت ہوتے ہیں۔ ان میں ادب کا عصری مواد چھپتا ہے۔ قدیم و جدید ادب کو جگہ دی جاتی ہے۔ ''اوراقِ ادب'' ہمہ رنگ اور رنگ برنگ صفات لئے ہوئے ہوتا ہے۔ 14 جنوری 2008ء کے ادبی شمارے میں پروفیسر خالد سعید کا مضمون جو مقالہ نما ہے ''غالب کا شعور مرگ'' میں غالب کے کلام میں موت کے تصور کا شعری حوالوں سے تجزیہ کیا گیا ہے۔ ڈاکٹر راحت سلطانہ نے ''ہائیکو اور علیم صبا نویدی'' مضمون میں علیم صبا نویدی کی ادبی خدمات خاص کر نظم ہائیکو کے تعلق سے تجزیہ پیش کیا ہے۔ شاہ نواز شاہ نے آخری سفر میں ملک میں ہونے والے دنگے فساد اور انتشار پسند ماحول کو افسانوی پس منظر میں بیان کیا ہے۔ روی کی موت کا فیصلہ ہو چکا ہونی کو کون ٹال سکتا ہے۔ سب کچھ اس کارساز کے ہاتھ میں ہے۔ افسانہ تاثر سے پُر ہے۔ عابد معز نے جھوٹ پر عمدہ انشائیہ لکھا ہے۔ آج نہ صرف عام آدمی بلکہ سیاست داں بھی اپنے مفاد و کام و کاز کے لئے مبالغہ اور جھوٹ سے کام لیتے ہیں۔ ماحول میں دیانت داری اور سچائی کی قدر کرنے والے کم ہوتے جا رہے ہیں۔ 'چہرہ چہرہ آئینہ' میں اقبال شیدائی پر سبق آموز تعارف لکھا گیا ہے۔ نئی نسل کے لئے ان کی زندگی مشعل راہ ہے۔ نامساعد حالات میں زندگی ہمت حوصلے سے گزاری۔ اپنے تخلیقی عمل کے ذریعے سے ادب کو فروغ عطا کیا۔ میزان کے تحت ماہ نامہ شگوفہ حیدرآباد کا اقبال نمبر مدیر ڈاکٹر سید مصطفیٰ کمال پر رشید عبدالسمیع جلیل نے تبصرہ فرمایا۔ اس نمبر میں جن لوگوں نے مضامین لکھے ہیں ان کا مختصر تجزیہ و تبصرہ ملتا ہے۔ ڈاکٹر مقبول احمد مقبول نے حمایت علی خان کا شعری مجموعہ گرد کا خ پر تبصرہ فرمایا ہے ان کی نظم و نثر میں لیاقت و

قابلیت کو عیاں کیا ہے۔

28 جنوری کے شمارے میں سلیم شہزاد نے عزیز احمد کی نظم کا تجزیاتی مطالعہ کیا ہے۔ ادب کا قاری عزیز احمد کو ناول نگاری کے حوالے سے یاد کرتا ہے لیکن وہ اچھے نظم و نگار و شاعر بھی کہلاتے ہیں۔ ڈاکٹر قطب سرشار نے شیلجا مترا کی شاعری کا جائزہ لیا اور قومی و عالمی ادب میں تقابلی تجزیہ کر کے ان کی ادبی قدر و قیمت متعین کرنے کی کاوش کی۔ محمود شاہد نے زمین میں آفات سماوی و آفات ارضی کی طرف اشارہ کیا ہے۔ جب زلزلے آتے ہیں تو کچھ نہیں دیکھتے بلکہ سب کو لپیٹ میں لے لیتے ہیں۔ لیکن امداد بروقت نہیں پہنچتی اور امداد میں خیانت کی جاتی ہے۔ عابد معز نے ضرورت رشتہ میں مسلم معاشرہ میں شادی بیاہ کے لئے کیا کیا جاتا ہے اور رشتوں کی تلاش میں کیسے دلکش و مؤثر اشتہاری مواد شائع کیا جاتا ہے شادی کو تجارت بنا دیا گیا ہے۔ پہلے زمانے میں شادی کا رشتہ ثواب کا مؤجب بنتا تھا لیکن آج مالی مفاد مضمر رکھا جاتا ہے۔ اچھا سا طنز کیا ہے۔ ''شکیب رزمی ایک شاعر انوکھا سا'' میں صادق علی فریدی نے ان کی زندگی اور ادبی وشعری خدمات کو تفصیل سے بیان کیا ہے۔ یہ کالم نئے ادیبوں کو متعارف کرواتا ہے جو گوشہ گمنامی میں تھے۔ مستقبل میں ادب کی ازسرنو تاریخ لکھی جائے گی تو اس کالم میں جگہ پانے والی شخصیتوں کو اس میں شامل کریں۔ اردو ادب میں تاریخ ادب اردو کا سلسلہ منقطع و مدور ہو گیا۔ اردو میں چند کتابیں مل جاتی ہیں لیکن نئے ادیبوں کو بھی جگہ ملنا چاہئے۔ کالی داس گپتا رضا کو میں نے بہ نفس نفیس گولڈن تھریشلڈ حیدرآباد سنٹرل یونیورسٹی میں گیان چند جین لکچر دینے کے لئے بلوایا تھا۔ بھاری بھرکم قد آور شخصیت تھی۔ علمیت و ادبیت چہرہ سے بھی عیاں تھی، تحقیق کے مرد میداں تھے۔ انہوں نے بہت معیاری کام کیا ہے ان کے شاگرد نذیر فتح پوری نے علامہ کالی داس گپتا رضا کے ادبی سفر پر کتاب تصنیف کی۔ اپنی نوعیت کی یہ ایک منفرد کتاب ہے۔ اس پر ڈاکٹر محبوب راہی نے تبصرہ فرمایا ہے جو تبصراتی، تجزیاتی شان لئے ہوئے ہیں۔ دیگر حصہ بھی بہت خوب ہیں۔ دونوں شمارے اپنی کیفیت و کمیت میں معیاری ہیں۔ مرتب کار کی محنت کا نتیجہ ہے کہ

ایسا صاف وشفاف ادبی شمارہ قارئین تک آ رہا ہے۔ آئندہ اسی معیار کو مدنظر رکھیں۔ منظومات کا حصہ قدیم وجدید رنگ لئے ہوئے ہے۔

محمد ناظم علی۔نظام آباد

دنیا تیزی سے بدل رہی ہے، آفاقیت کے اثرات منفی و مثبت سماج پر مرتب ہو رہے ہیں۔ٹی وی،کمپیوٹر،انٹرنیٹ اور موبائل فون سے بھی اسی طرح کے متضاد اثرات سماج پر مرتب ہو رہے ہیں۔قوموں کی ترقی میں علوم وفنون کی اہمیت آج بھی ہے اور تا قیامت باقی رہے گی۔ ادب اور ادبی صحافت سماج کی تعمیر و تربیت میں اہم رول ادا کر رہے ہیں۔ادب و صحافت قوم کو افکار تازہ فراہم کرتے ہیں۔قومی وتہذیبی انحطاط سے بچاتے ہیں۔چنانچہ ان مقاصد کے تحت روزنامے وادبی رسائل نکلا کرتے ہیں جو قوم و ملک کی ذہنی تربیت کا مواد فنی اعتبار سے فراہم کرتے ہیں۔اس سلسلے میں اعتماد کا ادبی ایڈیشن بھی اعلیٰ ادبی اقدار وفن کو ملحوظ رکھتے ہوئے شائع کیا جا رہا ہے جس میں قدیم، جدید تخلیقی تنقید اور تحقیق پر مبنی مضامین شائع ہوتے ہیں۔اور مواد و Theme عصری معنویت لئے ہوتا ہے۔زیر تبصرہ و مطالعہ ''اوراق ادب'' کے مشمولات میں سلیم شہزاد نے افسانے کی معنویت پر جامع اور مبسوط مضمون قلم بند کیا ہے جس میں انہوں نے افسانچے،افسانہ،مختصر افسانہ،منی افسانے کے فرق کو بتلاتے ہوئے اردو افسانے کی رفتار وسمت کو آشکار کیا۔موصوف نے کہا ہے کہ افسانے کی منطق یہ ہے کہ حقیقت میں جو کچھ ہو رہا ہے افسانے میں واقع نہیں ہوتا۔اس بحث میں میری رائے یہ ہے کہ سماج میں جو افسانے رونما و وقوع پذیر ہوتے ہیں ان کی من و عن جوں کا توں بلکہ بے کم و کاست ترجمانی حقیقی افسانہ کہلاتا ہے۔اگر افسانے کے مواد میں واقعہ حقیقی نہ ہو تو پھر تخیل سے جا ملتا ہے۔یہ اور بات ہے کہ اس کی زمانی و مکانی ترتیب کچھ اور ہو واقعہ کا جوں کا توں ہونا چاہئے جس طرح منشی پریم چند کے یہاں موجود ہے۔لیکن ان کا یہ مضمون ادبی دستاویز ہے۔احمد کلیم نے ''کوئی نہ سوئے ابھی داستاں باقی ہے'' میں منور رآنا کی سیرت، کردار، شخصیت اور ان سے وابستہ احوال وکوائف کا عمدہ احاطہ کیا ہے جس میں منور رآنا کی ادبی خوبیاں اور شاعرانہ فن پر اظہار ملتا ہے۔عابد معز اپنے خاکے وانشائیوں میں

عالمی موضوعات کو موضوع بناتے ہیں۔انہوں نے سونے کی بھی ریکارڈ قیمت ہونے کی اہمیت و عظمت واضح کی۔انسانی زندگی ارزاں سے ارزاں ہوتی جارہی ہے اور انسان کی زندگی کی اہمیت باقی نہیں۔جان کی قیمت کچھ نہیں،سونا گراں ہے،اس کی قیمت وقدر آج بھی عالمی منڈی میں ہے۔انسانی قدر کے برعکس مادیت نے غلبہ حاصل کرلیا ہے۔پیسہ ہی سب کچھ ہوگیا ہے۔ روحانیت و انسانیت کی بقاء کے سامان مہیا کرنے چاہئیں۔قاضی مشتاق احمد کی کہانی پر تجزیہ گہرائی و گیرائی لئے ہوئے ہے۔افسانہ کٹو عصری مطلب لئے ہوئے ہے۔علامہ اختر زیدی ''آفتاب دکن''،عظیم ذاکرین میں شمار ہوتے ہیں،ان کے مرثیہ پڑھنے کا انداز ایسا ہوتا ہے کہ پورا واقعہ کربلا نظروں کے سامنے آجاتا ہے۔''میزان'' کے تحت تبصرے اور تجزیے جامع اور مفصل ہیں جس میں مصنف کے فکروفن کو تنقیدی انداز سے اجاگر کرنے کی کوشش کی گئی ہے۔ ''عالم اردو'' کالم بہت خوب ہے،اس کو جاری رکھیں،ان کی تفصیلات سے ریسرچ اسکالر کو اپنا مواد حاصل کرنے میں مدد ملے گی۔اس میں نئی کتابوں و تصانیف کو جگہ ملنی چاہئے۔صوری و معنوی کیفیت وکمیت میں ''اوراق ادب'' کا جواب نہیں۔یہ سب خوبیاں مرتب وان کے رفقاء کار کی محنت شاقہ کا نتیجہ ہے کہ ادبی ایڈیشن ایسا رنگ برنگ نکل رہا ہے اور مواد ومشمولات اسناد و اعتبار کی حیثیت رکھتے ہیں۔

☆☆☆

اَوراقِ ادب۔ گفت باہمی

محمد ناظم علی

صدر، شعبہ اردو، گری راج کالج، نظام آباد

''اعتماد'' کا 31 ڈسمبر کا ادبی ایڈیشن اپنے اندر گونا گوں خوبیاں وادبی خصوصیات لئے ہوئے ہے۔ زیرِ مطالعہ ایڈیشن میں مضمون'' کہتے ہیں کہ غالب کا ہے انداز بیاں اور'' جو آل احمد سرور کا ہے، میں غالب کی غزل وشاعری کی خصوصیات کو اجاگر کیا گیا ہے۔ وہ کہتے ہیں غالب کی غزل اور شاعری کے موضوعات کو سمجھنے کے لئے مشرقی تہذیب کو ملحوظ رکھنا پڑتا ہے خاص کر ایران، تو اران تر کی تہذیب وفکر بھی غالب کے پیش نظر رہی۔ موصوف نے ایک نیا نکتہ یہ دیا کہ غالب کے خطوط کا اثر سرسید کی نثر پر پڑا ہے۔ جدید نثر کا آغاز غالب کے خطوط سے ہوتا ہے۔ عودِ ہندی اور اردوئے معلٰی کے خطوط میں سادہ وفطری نثر تخلیق کی گئی اور ان ہی خطوط کی بناء پر اگر یہ کہیں تو بے جا نہ ہوگا۔ غالب صاحب طرز ونثر نگار مانے جاتے ہیں۔ غالب نے خطوط کے ذریعہ ہی زبان وادب میں جدت وندرت پیدا کی۔ غالب کی لطیفہ گوئی، والی آسی کا تحریر کردہ ہے۔ ادبی لطائف انسان کو حظ کے ساتھ بصیرت وفکر عطا کرتے ہیں۔ خاص غالب کے لطیفے انسان کو مزاح وطنز کا احساس دلاتے ہیں۔ بے باکی اور فطری پن اور سادگی وبرجستگی خطوط سے جھلکتی ہے۔ عابد معز نے'' اوہ سیون'' انشائیے میں 2007ء کے وہ حالات پیش کئے ہیں جس سے اس سال کی معاشی، سیاسی، سماجی اور دہشت گردی کی حالت کا پتہ چلتا ہے۔ 2007ء کی تخریبی کارروائیوں کا ذکر کیا ہے۔ قاضی مشتاق احمد نے ہند کی صدر جمہوریہ محترمہ پرتیبھا پاٹل سے ان کے خانگی گھریلو تعلقات پر روشنی ڈالی ہے۔ اس شمارہ کے دیگر مشمولات بصیرت کے حامل ہیں۔

پیر 7 جنوری کا شمارہ بڑی گہرائی وگیرائی سے ترتیب دیا گیا۔ اس کا مطالعہ کیا۔ پروفیسر

خالد سعید کی تنقید نگاری اور شعری تخلیقات پر جامع انداز سے جائزہ لیا گیا ہے۔ خالد سعید اردو ادب کے شاعر اور نقاد مانے جاتے ہیں۔ ادب کے تعلق سے تنقیدی و تخلیقی شعور مدبرانہ و دانشورانہ ہوتا ہے۔ عابد معز نے ''جنت کا ایمگریشن'' باہر جانے والوں پر خوب لکھا ہے۔ کس طرح لوگ امریکہ و یورپ جا کر بدل جاتے ہیں۔ اپنے لہجے اور رہن سہن میں فرق لا لیتے ہیں اور بہت نازک بن جاتے ہیں۔ ''چہرہ چہرہ آئینہ'' کالم میں نئی نسل کے ادیب شاعر جگہ پا رہے ہیں۔ اس کالم سے ایک آگاہی یہ حاصل ہوتی ہے کہ کس طرح نئی نسل محنت و مشقت سے علمی و ادبی کام کر رہی ہے۔ یہ ایک طرح گوشہ گمنامی میں پڑے ادیبوں کو عوام کے سامنے لانا ہے تاکہ ان کی ادبی قدر و قیمت متعین ہو سکے۔ ''میزان'' کے تحت ڈاکٹر سید محمد تنویر الدین خدا نمائی کی تنصیف تنظیم اوقات اسلام پر تبصرہ بہت خوب ہے۔ ہمارے اسلاف کس طرح وقت کے ساتھ چلتے رہے۔ نظام الاوقات بنائی، علمی و ادبی کام کرتے رہے Time Management کا ترجمہ تنظیم وقت اور حالی نے ضبط اوقات بتلایا ہے، جو کچھ ہو آج کا انسان اتنا مصروف ہے کہ اس کے پاس وقت نہ ہونے کی شکایت کرتا ہے۔ وقت کے ساتھ چلنے والا انسان کامیاب و کامراں ہوتا ہے۔

اَوراقِ ادب۔ گفت باہمی

محمد ناظم علی۔نظام آباد

اردو زبان وادب کی ترویج میں نہ صرف ادب بلکہ صحافت کا اہم رول ہوتا ہے۔ خاص ادبی صحافت نے ادب کی ترویج اشاعت وفروغ میں حرکیاتی انداز پیدا کیا ہے۔ جام جہاں نما سے آج تک ادبی صحافت نے زبان وادب کے سوتے خشک ہونے نہیں دیئے۔ ہر اخبار، رسالہ، جریدہ اپنے دامن میں ادب کی تعبیر اور تخلیقات کو شائع کرتے رہے۔ اسی سلسلے کی ایک کڑی روزنامہ 'اعتماد' کا ادبی ایڈیشن ہے۔ اس نوزائدہ اخبار کا مستقل ایڈیشن 'اوراق ادب' جو ہر پیر کو شائع ہوتا ہے، ادب کی گراں بہا خدمت انجام دے رہا ہے۔ اس ایڈیشن میں کسی کی تخصیص نہیں، ترقی پسند، جدید، کلاسیکی، نو جدید اور مابعد جدیدیت شعراء، ادیبوں کو جگہ دی جاتی ہے۔ ان کے ادبی کارناموں کو نمایاں انداز میں شائع کیا جاتا ہے۔ آپ حضرات بڑے سلیقے سے صاف وشفاف مواد فراہم کررہے ہیں اوراس میں شائع ہونے والی تخلیقات بھی معیاری پن لئے ہوتی ہیں۔ مجموعہ لحاظ سے اس کا محاکمہ کریں تو محسوس ہوگا کہ اس نے تنقید، تحقیق، تخلیق اور تاریخ کے ادبی نمونوں کو جگہ دے کر ادب کی آبیاری میں کوئی کسر نہیں چھوڑی ہے۔ ''میزان کالم'' کے تحت تصانیف پر تبصرہ وتجزیہ وتنقید شائع ہوتی ہے۔ اس طرح کے عمل سے تنقیدی سرمایہ میں اضافہ ہوگا۔ کتاب شائع ہوتی اسی لئے ہے کہ اس پر تنقیدی عمل ہو، تجزیے کے ذریعہ تخلیق کے جوہر کو عیاں کریں۔ ''چہرہ چہرہ آئینہ'' میں جگہ پانے والے ادیب وشاعر کے یہاں کیفیت وکمیت ملے گی۔ معیار بھی اونچا رہے گا۔ مقدار تو سب کے یہاں ہے لیکن ان میں معیار کی تلاش ہونی چاہئے۔

23 جولائی کا ادبی ایڈیشن نظر سے گذرا۔ ''صریر جاں کا تجزیاتی مطالعہ'' ڈاکٹر عقیل ہاشمی نے جامع انداز سے تحریر کیا، جس میں اقبال متین کی شاعری کا تنقیدی محاکمہ کیا گیا۔ تخلیقات کا

حصہ بھی فکر انگیز ہے۔ الطاف انجم نے گلشن کھنہ کی شاعری پر اچھا تبصرہ لکھا ہے۔ بہرحال 'اعتماد' کا ادبی ایڈیشن زبان و ادب کے فروغ میں اپنا مقام بنائے گا۔

میں کہاں رکتا ہوں عرش و فرش کی آواز سے
مجھ کو جانا ہے بہت اونچا حدِ پرواز سے آگے

☆☆☆

اَوراقِ ادب۔ گفت باہمی

محمد ناظم علی۔ نظام آباد

'اعتماد' کا ادبی ایڈیشن جو ہر پیر کو اوراق ادب کے نام سے شائع ہوتا ہے اپنے دامن میں ادب کا عصری و بصیرت افروز مواد لئے ہوئے ہوتا ہے، ان میں تنقیدی مضامین کے علاوہ تخلیقی و نگارشات شائع ہوتی ہیں۔ زیر نظر ادبی ایڈیشن میں ڈاکٹر اقبال بیگم کا مضمون ''فراق کا رنگِ تغزل'' جامع اور مبسوط ہے جس میں انہوں نے اردو کے تعلق سے اور زبان کے حوالے سے تغزل کی نشاندہی کی ہے۔ انشائیہ میں عابد معز کا مستقل کالم پھر چھڑی بات تیل کی سنچری عالمی موضوع کو احاطہ کرتا ہے۔ امریکہ نیت صاف نہیں ہے، وہ تیل پر قابض ہونا چاہتا ہے اور عالمی معیشت کو اپنے ہاتھ میں رکھنا چاہتا ہے۔ عالمی تیل پالیسی دیگر اشیاء کی قیمت بڑھ رہی ہے۔ انہوں نے مہنگائی گرانی کی طرف اشارہ کیا ہے۔ کامل حیدرآبادی ''چہرہ چہرہ آئینہ'' میں ان کی زندگی، ادبی زندگی اور غزل کی خوبیوں وخامیوں کو اجاگر کیا گیا ہے۔ میر وسیم الدین نے سردار سلیم کے ناول شکنتلا کا تجزیاتی مطالعہ رقم کیا ہے۔ ناجائز رشتوں اور ناجائز تعلقات عصری زندگی کا خاصہ بنتا جارہا ہے اور اس اثر نسل در نسل پڑے گا۔ ناول کی تکنیک اور اس پر بھر پور تجزیہ وجائزہ اچھا اور انوکھا کام کیا ہے۔ انہوں نے مشاہیر ادب کے انٹرویو لئے ہیں اور ان کو کتابی شکل دی ہے، انٹرویو میں کئی ایسی نئی معلومات انکشافات ہوتے ہیں جو کتابوں میں نہیں ہوتے۔ متاع کارواں پر ڈاکٹر عقیل ہاشمی کا تخلیقات کا حصہ بھی جاندار ہے۔ کلاسیکل نظم وغزل کو بھی جگہ دیں، اس میں جدید وقدیم کا امتزاج ہونا چاہئے۔ ایسا محسوس ہوتا ہے کہ یہ مذکورہ ایڈیشن بڑی نفاست ومحنت سے تخلیق کیا گیا ہے۔

☆☆☆

اَوراقِ ادب۔ گفت باہمی

راقم: محمد ناظم۔ نظام آباد

روزناموں کے ادبی ایڈیشن کی اہمیت وافادیت اس لئے بڑھ جاتی ہے کہ ان میں ادبی مواد عصری تقاضوں سے ہم آہنگ ہوتا ہے اور بدلتی دنیا کے ساتھ ادبی قدریں تخلیق پاتی ہیں۔ 30 جولائی کا اوراق ادب اپنے دامن میں جواہر لئے ہوئے ہیں۔ فیاض رفعت کا مضمون جو تنقیدی نوعیت کا ہے اس سے عصمت چغتائی اوران کا فن پر تفصیلی روشنی پڑتی ہے۔ اب معلوم ہوا کہ عصمت افسانہ نگار، ناول نگار کے علاوہ ڈراما نویس بھی ہیں۔ بعض نئے نئے انکشافات نئی نسل پر عیاں ہوئے ہیں۔ عصمت ماہر نفسیات بھی اور قدآور ادبی شخصیت بھی تھی۔ رؤف خیر کا اک نیا انداز سرقہ معلومات آفریں مضمون ہے۔ مختلف شعراء کے اشعار سے حوالے دے کر انہوں نے اپنی بات کو دلیلوں سے پیش کیا ہے۔ عموماً ادب میں چراغ سے چراغ جلتا ہے۔ روشنی سے نئی روشنی حاصل ہوتی ہے۔ موضوع، مواد تفصیلات فن کی تقلید ہوتے رہی ہے۔ سرقہ کا عمل قدیم زمانے سے چل پڑا ہے۔ ادبی سرقہ نا قابل معافی جرم ہے۔ حالی کی تصانیف کئی افراد اپنے نام سے چھپائے ہیں۔ ایک کا شعر دوسرے منسوب کر کے شائع ہوئے۔ اب تو جامعات میں بھی سرقے کی روایت چل پڑی ہے۔ رؤف خیر نے پھر سے موضوع کو تازہ کر دیا ہے۔ سرقہ کرنا غیر اخلاقی عمل ہے، ایسے عمل سے پشیمانی ہوتی ہے، ایسے مضمون نگار سے ایک اچھے موضوع پر قلم اٹھا ہے۔ ''چہرہ چہرہ آئینہ'' میں حامد اکمل کی زندگی، ادبی حیثیت اور مختلف تنوع صلاحیتوں کا اظہار ملتا ہے۔ ایسے کئی ادبی چہرے ہیں جو گوشہ گمنامی میں پڑے ہوئے ہیں۔ اس کالم سے ادبی قارئین کو آ گاہی حاصل ہو رہی ہے کہ کس نے کتنا ادب میں کام کیا ہے اور ادبی دنیا میں ممتاز کس بنا پر ہوئے ہیں۔ ''میزان'' جیسا مستقل کالم تنقید کو فروغ عطا کر رہا ہے، ویسے میزان فیض احمد فیض کی تنقیدی کتاب کا نام ہے لیکن کالم کے نام سے ہی تنقید منصب کا اندازہ ہو جاتا ہے۔ اس

کالم کے تحت نئی تخلیقات پر مصنف و تخلیق کار کے حوصلہ و عزم کو بلند کر دیتا ہے تا کہ مزید اور عمدہ ادب تخلیق کر سکے۔ مبصر آئندہ مستند تنقید نگار بن جائیں گے۔ عالم اردو کالم سے قاری کو نئے کتابوں و رسائل سے آگہی حاصل ہوگی کہ اس میں کیسے مضامین جگہ پاتے ہیں۔ منور رانا کے موضوعاتی اشعار ''ماں'' بہت خوب ہے۔ غزلیات کے دیگر حصے بھی جدید و قدیم کا سنگم نظر آتے ہیں۔

اَوراقِ ادب ۔ گفت باہمی

محمد ناظم علی ۔ نظام آباد

جس طرح روزمرہ زندگی میں بنیادی ضرورتوں کی اہمیت ہوتی ہے،اسی طرح انسانی زندگی میں روزناموں کی کافی افادیت ہوتی ہے۔ کوئی انسان جس دن اخبار نہ پڑھے گا وہ اس دن کے لئے اطراف واکناف کے واقعات وحالات سے عدم واقف ہوگا۔ انفارمیشن ٹکنالوجی کے اس دور میں انسان کو اپنے عصر میں جینے کے لئے اخبارات کا مطالعہ ضروری ہے۔ اردو روزنامے نہ صرف خبریں ارسال کرتے ہیں بلکہ مختلف عصری علوم وفنون کے مخزن بنتے جارہے ہیں۔ ہر دن ان کا اپنا ایک علحدہ ایڈیشن ہوتا ہے جو موضوعات کے لحاظ سے الگ الگ مواد و مضامین پیش کرتے ہیں۔ ان ایڈیشنوں میں ادبی ایڈیشن کی بھی خاص اہمیت ہوتی ہے۔ ادب زندگی کا عکاس وترجمان ہوتا ہے۔ زندگی اور زمانے کی باتیں ہوتی ہیں،مکمل زندگی کا پرتو ہوتا ہے۔ ایسے میں ''روزنامہ اعتماد'' ہر پیر کو اپنا ادبی ایڈیشن ترک واحتشام وطمطراق سے شائع کرتا ہے۔

22 اکتوبر پیر کا ایڈیشن اپنے دامن میں بہت کچھ لئے ہوئے ہیں جس میں ڈاکٹر مقبول احمد مقبول کا مقالہ نما مضمون جو کسی سمینار میں پڑھنے کے لائق ہے شائع کیا گیا ہے،عنوان ہے ''منشی پریم چند کی مذہبی رواداری اور انسان دوستی''۔ موصوف نے ان کے ناول وافسانوں کے حوالوں سے ان کے روادار ہونے کی دلیل پیش کی ہے۔ لیکن منشی پریم چند 1936ء کے آس پاس آر ایس ایس وجن سنگھ سے ربط ضبط رکھے ہوئے تھے۔ بعد میں ان کی رواداری مجروح ہوگئی۔ ایسا ادیب جو اپنے ناولوں اور افسانوں میں مضمون نگار کو روادار نظر آیا لیکن عملی زندگی ان سے یکسر الگ تھی۔ منشی پریم چند اپنے مذہب کی عظمت اور ہندوتوا کی کھوئی ہوئی ساکھ کی بازیافت کرتے رہے۔ ہندو تہذیب کو جزویات کے ساتھ پیش کیا۔ دوسری تہذیب سے آگہی رکھتے

ہیں لیکن ترجمانی میں بخل سے کام لیتے ہیں۔ ڈاکٹر اسلم فاروقی کا مضمون اردو کا مقدمہ وپس منظر دانش ورانہ تجاویز پیش کرتا ہے۔ اور اردو کی مؤثر عمل آوری کے لئے جامعیت سے تجزیہ پیش کیا ہے۔ وہ ہمدرد اور مجاہد اردو کا دل و دماغ رکھتے ہیں۔ کاش ایسے ہمدرد اردو کو اور مل جاتے۔ اس شمارہ کے باقی مضامین اور تخلیقات، اچھے اور عمدہ ہیں۔ مواد کی نفاست و شفافیت کا اعتراف کرنا چاہئے کہ کہیں کوئی غلطی نہیں ہے۔ چہرہ چہرہ، میزان کے مندرجات خوب ہیں۔ مذکورہ ادبی شمارہ میں امام الہند مولانا ابوالکلام آزاد، ڈاکٹر عبدالباری نے ان کی ابتدائی زندگی، صحافتی زندگی اور سیاسی وسماجی اور ملی زندگی کو اجاگر کیا ہے۔ مولانا کی فکر کا مزید تجزیہ و تشریح ہونی چاہئے۔ ایسے دیدہ ور برسوں میں پیدا ہوتے ہیں۔ ڈاکٹر قطب سرشار کے علامہ اقبال کے تلگو ترجمان پروفیسر جی محبوب لکھا ہے۔ اقبال کے مترجم بہت ہیں لیکن کیا ہم ترجمہ کے ذریعہ سے فکری اصل تک پہنچ سکتے ہیں۔ اقبال مفکر دانشور تھے۔ وہ تو زمانہ عہد سے پار ہوتا ہے۔ ان کی سوچ و فکر کا مقابلہ و تعین مشکل ہے۔ دیگر مشمولات بھی کافی اچھے اور فکر انگیز ہیں۔ اس ایڈیشن میں تنقیدی ادب اور تحقیقی ادب کو جگہ دیں۔ پرانے ادبی رسائل و کتب پر نئے انداز سے مضامین شائع تا کہ نئی نسل کے ادب پڑھنے والے واقف ہوسکیں۔